料理と毎日

12か月のキッチンメモ

今井真実

CCCメディアハウス

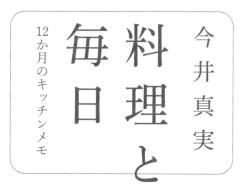

はじめに

2020年3月より、ブログサービスの「ｎｏｔｅ」に日記を書き始めました。毎日のご飯の献立、その日に起こった出来事をまとめ、毎週日曜日に1週間分を投稿しています。私の仕事はレシピをつくることです。日常の食事で湧き出たメニューが自分の中では一番自然なレシピと思っており、今となってはこの日記は仕事と日常の記録を兼ねたキッチンメモのようになっています。この本はそれを集めて抜粋したものです。

よくもまあ、毎日こんなに料理して、毎日こんなに食べていたものだ、と自分でも驚いていますが、これは何も私に限った話ではありません。生きていればみんな誰しもが、日々何かしらを食べて人生を全うしていくのです。

一家の料理番は来る日も来る日もキッチンに立っています。調理自体は難なくこなせても、その日のメニューを決めることにいつも小さな責任を担っています。この日記を書き始めたきっかけも、その「小さな責任」を果たしているみなさんのヒントになれば、という思いからでした。

ある夏の暑い日のことでした。その時の私は、正直もう食欲もないほど夏バテ気味。公園で、私と同じく子供のブランコを延々と押している友人に「ねえねえ、今日夜ご飯何つくるの？　私、なんにも浮かばないのよ」と話しかけました。すると友人は一瞬驚き、「うちは冷やし中華にしようと思っているのよ、暑いものね」と笑いました。ああその手があった、良いね良いね！とさっそく公園帰りにスーパーに立ち寄って、その夜は冷やし中華をつくったのでした。自分１人だと浮かばなかったメニューですが、友人のひと言でどれだけ心が軽くなったか。「救われた」と思いました。

この本のささやかなキッチンメモからでも、今日の献立やレシピを思いつき、毎日の料理番を楽しく乗り越えられるはずです。みなさんはすでに魔法の手を持っています。だって日々、お野菜やお魚、お肉といったそのままで食べられない素材を「料理」にしてしまうんですから。それってすごいことでしょう？

「料理と毎日」は、私自身の日記ですが、いつもキッチンに立っているあなたへのお手紙でもあります。この本が、あなたにとって夏の暑い日の友人のひと言のような存在になってほしい。その日の買い物が、調理が、少しなめらかに、楽しい時間になるように。そんな願いをこめて、今日もせっせと自分のご飯を記録し続けています。

さあ、今宵も一緒にキッチンに立ちましょう。ともにつくり、ともに食べようではありませんか。

目次

4月の料理

「お店みたいな手羽中のナンプラーからあげ」

手羽中のからあげの試作。なかなかのお味！　娘もお店みたい！と絶賛してくれた。分量を調整したら良いレシピが出来そう。

［材料］
手羽中スティック　300g（約16本）
ナンプラー　大さじ1と½
白胡椒　適量
ニンニク　1かけ（すりおろし）
小麦粉　大さじ2
片栗粉　大さじ3～4
サラダ油　大さじ8

［つくり方］

手羽中スティック、ナンプラー、白胡椒、ニンニクのすりおろしをバットに入れて混ぜ、常温で15分置く。15分後、汁気があればキッチンペーパーで拭き取る。小麦粉を先に混ぜて、片栗粉大さじ2を加えて混ぜ合わせ、最後に片栗粉大さじ1〜2をさらにまぶす。手羽中全体が白く粉が吹いたような状態でばっちりカリカリ衣ができる。

フライパンにサラダ油を入れて、粉を手羽中の皮の裏側にまできっちりつけ、広げてのせ中火にかける。皮目を下にして4分、裏返して4分。

ナンプラーだけだと色付きにくいから全体がキツネ色になるまできっちり揚げること。油はねがひどい場合は弱火にすれば大丈夫。

「カイワリのお刺身」

近所でカイワリという魚を買った。初めて聞いた名前。母島で取れた魚だそう。シマアジに少し似ている。珍しいお魚は積極的に買って食べたい。扱い方が分からなくても魚売り場の方に聞くと、嬉しそうに教えてくださる。帰ってきて母島を地図で探して眺めた。

［献立］
・カイワリのお刺身とカマ焼き・あら汁・豆もやしのごまあえ（電子レンジでチンした豆もやしの水を切り、練りごま、ポン酢、薄口醤油であえる）・マッシュルームのチーズ焼き（かさを下にして塩、オイルをたっぷりかけ、シュレッドチーズをのせてトースターで焼く）・海苔巻き（ねぎ味噌を巻いて食べた）

「田植えとファイト」

早起きして義実家へ。

田植えの前の種まき。


種まきは、まず箱に土を入れてならし、水をじゃぶじゃぶかけて、機械で種をまくというもの。これを200箱。私は水撒き係。

「去年はもっとじゃぶじゃぶだった。これだと発芽しないんじゃないか」と義兄が言い、

「水はこれくらいで良いんだよ」と義父。

「やだ、絶対に責任持ちたくない」と私が言うと、みんな笑っていたけど、発芽しないと嫌なので、そっと余分に水を撒いた。

行きの道中、息子のリクエストで中島みゆきさんの「ファイト！」を何度もかけさせられる。何度も聴いて

いると娘が「え、この歌詞……」と気付いたようだ。心を絞るファイトなんだよ。

「タコのラグーソースのパスタ」

朝起きたら家族が増えている。
娘とお友達2人。昨日から泊まりに来て、だいぶ賑やかだ。そしてかわいい。
結局みんな夜ご飯まで食べて帰っていった。
彼女たちは遊びに来ると、息子のことも構ってくれるので本当に助かる。

［つくり方］
鍋にニンニクのみじん切り、たっぷりのオリーブオイルを入れて、弱火でジクジクと熱し、みじん切りしたタコ、種なしのブラックオリーブのみじん切りを加え炒める。赤ワインをたっぷり入れて沸騰させたらトマトピューレとオレガノをさらに足し、タコが柔らかくなるまでコトコト煮込む。蓋は開けておき、アルコールの香りを飛ばす。この日は太めのパスタを合わせた。色んなおかずと、鍋のままどんと出して好きに召し上がってもらった。

「筍のパスタ」

夫の実家で掘ってきた筍をひたすら下茹で作業。お昼ご飯は茹でたての柔らかな穂先で、パスタをつくることに。

フライパンにオリーブオイルとニンニクを弱火でジクジク。牛肉をさっと炒め、パスタのお皿に除けておく。お義母さんからもらった茹でたわらび、筍、日本酒、ナンプラー、少しの醤油を入れてパスタの茹で汁、パスタをあえ、牛肉を戻してあえる。

今回は、筍を下茹でする時に、昆布も入れて塩を多めに振った。もう、そうしたら茹でるだけで美味しい。余分な調理が不要。

「焼き芋とマスカルポーネ」

娘の中学入学式。やっとこの日が来た、という思い。

小学校より人数も多いし、通学時間も長くなる。それでも小学校からのお友達も多いから親としては安心している。娘はずっとニコニコしていて、新しく始まる学校生活もそうやって笑顔のままいつの間にか3年間が終わっていると良い。

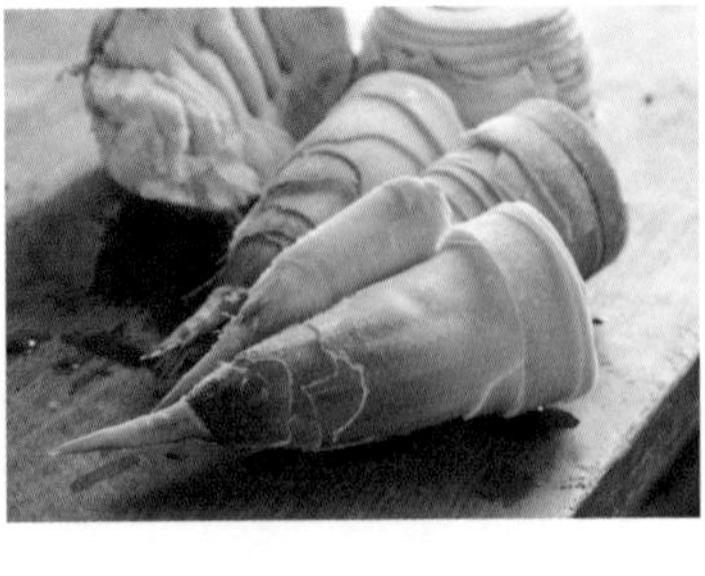

［つくり方］
さつまいも小7本（600g）をよく洗い、水気がついたままアルミホイルを敷いたオーブンの天板に並べて、余熱なし160度で70分焼く。マスカルポーネチーズを添えるとそれはもう絶品。私のお気に入りの品種は紅天使。名前も良い。

「豚肉とナス、明日葉の炒め物」

夜から、くどうれいんさんとのオンラインイベント。とっても楽しくて、あっという間だった。大好きなくどうさんに登壇していただけてすごく嬉しかった。

くどうさんのエッセイ『わたしを空腹にしないほうがいい』は読みながら泣いてしまった。なぜだか、とても幸せで切ない気持ちになったのだ。もう今は手からこぼれ落ちてしまった、1人きりで生きていたキラキラしていた日々を思い出す。美味しいご飯はいつの時も、純粋な感情しか連れてこない。

実は途中、お風呂上がりで裸の息子がドアを開けてリビングに入ってきてしまい、カメラに映ってしまったらどうしようと思ったが大丈夫なようであった。

［つくり方］
お昼ご飯にさっとつくった一品。豚の肩ロース肉を冷凍庫で発掘。解凍して、潰したニンニク、ナス、トマト、庭で幅を利かせている明日葉を抜いてきてみじん切りにして炒める。炒めるといっても全部ジリジリと放っておくように焼いて、最後に合わせるイメージ。明日葉はハーブのように刻んで使うとクセもなく大量消費が出来る。

「気軽な牛ステーキ」

春休み明けの息子の幼稚園。お知らせのプリントが見つからず普通に登園したら、式典でみんなフォーマル。そもそも登園時間も間違えていたので、着替えてからもう一度幼稚園へ。ああいつも失敗しちゃう。驚くことが起きると「しかたがなーい、しーかたがない！」とクリームパンダちゃんの歌をつぶやく。大体のことはこれで落ち着くのだ。スーパーでステーキ用のお肉をかごに入れる。元気を出すにはお肉が一番だ。そして、焼くだけで、家族もよろこぶ。

［つくり方］
2㎝弱の厚さの安いステーキ肉を室温に戻し、水気を拭き取る。フライパンに油をひき、

弱めの中火にかけたらすぐ肉をのせる。触らず2分ほど。フライパンに水分が出たらペーパーで拭き取る。表面に汗をかくように水分が浮いたら肉の重さの1％の半量の塩（200gなら1g）を振り、裏返す。裏返したら表と同じ量の塩を振る。

1分半から2分焼く。フライパンに出た水分は都度拭き取る。焼き上がったら網付きのバットにのせ、10分ほど放っておいて余分な肉汁を落とす。包丁で1㎝の幅で削ぎ切りする。

安いお肉は包丁で切った方が美味しく食べられます！　ここはポイントです。

フライパンの肉汁って使いたくなりますが、きっちり拭き取ることで、においも抜けて、綺麗な味になります。お安い輸入肉の肩ロースなどは、ミディアムレアくらいがすじも柔らかく火が通り、切れ味の良い包丁で削ぎ切りにすることでさらに柔らかく食べられます。

「クレープブランチ」

クレープブランチ。好きな具材を巻き巻き。甘いのもしょっぱいのも。楽しくて美味しかった。家にこもる日々。家族といると、もうすっかりこの生活に慣れて、忙しい時を忘れてしまった。義実家で焚き火したいなあ。

「ｓ・ｉ・ｏ」の鳥羽シェフがツイッターでクレープのつくり方をのせていた。さっそく真似してクレープを大量生産。鶏むね肉のソテー、わさび菜、バターたっぷりのスクランブルエッグ、ざく切りしたトマトを巻いて食べた。

「ホタルイカとニラの鍋」

娘の英語教室がＺｏｏｍに切り替わった。勉強している姉を弟が邪魔する。申し訳ない。

［つくり方］
昆布と酒で出汁を取り、塩を入れる。醤油もちょろりとひと回し。わかめ、ニラ。あとは野菜室に余っていた白ねぎも斜めに切って入れた。
大根をおろし、つゆは鍋に入れてしまう。大根おろしに卵の黄身とポン酢を混ぜておく。
ホタルイカを鍋にくぐらせて食べたら至福。ちょっと子供たちは不満顔。薄切りの豚肉を用意しておけば良かった。

「小さな子のサラダ」

息子がサラダを１人で全部つくる。「レタスの水気はびちゃびちゃにしたい！」と主張する息子。それはちょっと……と思案して、「キッチンペーパーで包んで振るとめっちゃ楽しいよ」とささやくと、のりのりでちゃんと水気を切っていました。ミニトマトも１人３こ、４人分、と数えて。思いのほか、黒胡椒が効いていた。

「明日葉ビーフカレー」

前日の牛焼き肉をカレーに。新玉ねぎのスープをベースに、牛肉、ニンニク、トマトジュース、パプリカパウダー、ターメリック、コリアンダー、クミン、エスビーの赤缶カレー粉、塩。明日葉のみじん切りをたっぷり入れ、１時間ほど煮込む。食べる直前にズッキーニの輪切りを加える。

合わせたのは西荻窪の「けい太」のメンチカツ、くどうれいんさんに教えてもらった新キャベツのらっきょう酢揉みを、寿司酢でつくったもの。これは美味しい！ あっという間にたくさん食べられちゃいます。

「茹で鶏と春野菜」

今朝はパンを食べた後なのに、ぬま田海苔さんの冷凍おにぎりがどうしても、どうしても食べたくなって解凍してしまった。目に入らないように、冷凍庫の奥の方に入れておかないと。

私は「ポルチーニチーズリゾット」と「だし醤油バター」が好き。新しい味の「カニトマトチーズリゾット」も最高に美味しかった。バラ干し海苔を混ぜたおにぎりも香ばしくて滋味深い。電子レンジでチンするだけで、心も体もやさしく満たされる。この感覚って新しいと思いました。

海苔を巻くひと手間も楽しい。とにかく美味しい。

［材料］
キャベツ　葉っぱ2枚
スナップエンドウ　4〜5こ
鶏肉（からあげ用）３００g
水　５００㎖
塩　小さじ½

昆布（5㎝角） 1枚

［つくり方］
鶏肉、水、昆布、塩をフライパンに入れ、蓋をして4分茹でる。肉を裏返し、キャベツ、スナップエンドウを入れ、3分茹でで、水気を切りながら器に盛る。

［ごまダレ］
練りごま小さじ2、醤油小さじ3、酢とはちみつ各小さじ1、ニンニクすりおろしをちょっぴり。以上全てをよく混ぜる。

［スープ］
鶏肉を茹でたお汁はスープに。豆腐を崩し入れ、ニラみじん切り、醤油をちょろりと垂らし、沸騰させる。

「そら豆ご飯」

ハーブ園で植え替え。みんなで協力しながら頑張りました。
ボランティアを始めて8年以上経つのに、初めての場所を耕した。
「ここもハーブ園の敷地なの!?」という驚き。広い。ああだこうだと話しながらの作業。ダリアは肥料食いと、教えてもらう。

［つくり方］
米２合、水２カップ、酒大さじ２、塩小さじ１、お米の上に薄皮をむいたそら豆、そら豆のさやをのせて、普通に炊く。
さやも一緒に炊くことでこっくりお豆の味が濃い。

「春のすき焼き」

お昼に、打ち合わせを兼ねてランチ。お仕事の話はもちろん、子供の好き嫌いや、色んな話を。考えれば考えるほど、「料理」や「食事」の日常生活の中での位置付けが興味深い。

毎日食べるものなんて全く気にしない人もいれば、それだけを楽しみに１日生きている人もいる。料理に苦しんでいる人もいれば、料理に救われている人もいる。誰かのため、自分のため。インスタントか、手をかけるか。選択肢は無限にあるし、つくれるものだって無限。だけど、人それぞれ金銭面や家庭の事情もあり、制約もある。

面白いし、難しい。

［つくり方］
新玉ねぎ、ニラ、アスパラ、筍。普段のすき焼きは牛こま切れ肉で。ニラ以外の野菜を焼き付け、牛肉を入れ、肉に砂糖をかけ、野菜の水分と醬油で照り焼きのようにします。肉はレアのうちに食べましょう！
煮詰まったら酒を。もちろん市販の割下を使っても。ニラ、新玉ねぎとすき焼きの相性は最高ですよ。山椒、七味を卵にたっぷり入れてください。肉は豚肩ロースでも美味しいですよ。

「レタスのジャンボ焼売」

レシピの試作をいくつか行う。今週はしばらく鶏肉の日々。子供たちが嬉しそうだから良かった。

［つくり方］
レタス1玉をむいてフライパンに敷き詰める。
ボウルに豚ひき肉250g、叩いた豚バラ肉200g、白ねぎのみじん切り、塩、ごま油、紹興酒、片栗粉、白胡椒を入れてよく混ぜる。レタスの上に押し付けるように薄く広げて、水

を½カップ入れて蓋をして10分程度中火で蒸す。見た目は違いますが、味は焼売的。辛子酢醤油でどうぞ。

「あんかけ焼きそば」

オンラインで注文している「シェフレピ」のセット。プロのシェフの手さばきを動画で見ながらお料理が出来るのだ。このあんかけ焼きそばは、麺を先に揚げ焼きに。雪菜の缶詰や薄口醤油で味付けするあんかけは、自分でつくる時より遥かに片栗粉が多い。しかし、それがレストランの味だということが分かった。

「手羽先とバジルのスープ」

手羽先10本を茹でこぼしてから、潰したニンニクと生姜のスライスを1かけずつ、ジャガイモ3こを乱切り、水1リットルで蓋をして茹でます。バター10g、塩小さじ1と½で味付け。

バジルだれをつけながら食べました。バジル3gを刻み、醤油大さじ1、スイートチリソース大さじ1を混ぜるだけ。なんだこれは！な、やさしいのに衝撃的な味。

「ロゼ色のヒレカツ」

野菜室で干からびていたラディッシュ。庭の鉢植に気まぐれに植えてみたら、なんとにょきにょき伸びて花まで咲かせてしまった。ショッキングピンクのかわいい花ににやけてしまう。

成城石井で国産豚ヒレ肉が800g／1200円！　思わず買って冷凍していたものを、満を持してフライに。今日はひと口カツに。さっと揚げて、肉汁が浮き出たら、またさっと水気を飛ばすように揚げるとロゼ色に仕上がります。

「セロリとニラの餃子」

デッキにキャンプチェアを並べて外でコーヒーを淹れ、おやつを食べた。

子供たちが「智恵子は東京に空がないという」と暗唱していた。

［つくり方］（１００こ分）

豚ひき肉６００ｇとベーコンの脂身１００ｇに塩12ｇを混ぜ、冷蔵庫で冷やす。同じくらいの大きさのボウルに野菜のみじん切りをいっぱい。今日はセロリとニラとキャベツ、ニンニク、生姜。紹興酒、ごま油を混ぜざっと塩。包む直前に野菜と肉を混ぜ合わせ、餃子の皮で包む。

「あん肝と湯豆腐」

今日は和風の献立にしようと昨日から思っていた。

気持ちに余裕がある時は、献立をジャンルから考え、誰かに成りすましたような気分になる。

たとえば、深夜まで開いているような定食屋さんの女将さんなら何をつくるか、気の利いたお酒も出すような。うちの人は全くの下戸だが、美味しいおつまみはたいてい白米が進むらしい。

［献立］

・あん肝と湯豆腐とわかめ（魚屋さんのあん肝、豆腐を茹で、そのお湯でついでにわか

め も茹でる）・豚肉のさっと焼きと春菊（生姜焼き用の豚肉をごま油でさっと。味付けは塩だけ。食べる時に花椒油）・ジャガイモとねぎとキャベツのお味噌汁

「筍、ブロッコリーのからあげ」

明日の仕事の買い出し。忘れ物がないように、と買い物していると、いつもの棚にグリーンオリーブがない！

「すみません、ここにあったと思うのですが……」と店員さんにたずねると、取扱いをやめました、とのこと。３日前まであったのに!!

これはまずい…と駅前のスーパーに電話したら、なんと10種類以上もあるとのこと。むしろ戸惑ってしまう。

［つくり方］
生のブロッコリーと茹で筍のスライスにさっと醤油を絡め、米粉を振り、片栗粉もまぶす。フライパンに１㎝ほどの高さまで米油を入れて揚げ焼き。
塩とレモンで食べました。

「蒸し魚」

幼稚園に行くと、久しぶりにお母さん方に会う。いつも爽やかで、サラッとしていて、ユーモアがあって、やさしい同僚に恵まれているような居心地の良さ。

私が忘れていそうなことや行事が延期になっていること、お手紙で読み落としていそうなことも話題にしてくれて、その気遣いにいつも救われている。

子供の同級生のお母さんって、歳も生まれも育ちも大人になってからの生き方も違う。子供がただ同時期に生まれただけ。けれども、同じ時期に悩み、疲れ、幸せを感じ、「子供を育て上げる」というゴールに向かう、同志に近いものがある。

私みたいないいかげんでも、みんなが助けてくれているおかげで娘も息子も社会で育っている。本当にありがたい。

［つくり方］

立派なイトヨリに塩を振って15分置く。水気を拭き、白ねぎ細切り、生姜千切り、オイスターソース、醤油、メープルシロップ、紹興酒をかけ、オーブンのスチーム機能で40分蒸す。仕上げにごま油を煙が出るまで熱してじゅうっとかける。中華料理で定番の美味しい食べ方です。あとはめいめい、パクチーを。

メープルシロップ以外、大体同じ分量でかけました。食べて味が足りなかったら、適当に足すと良いです。ちょっぴり酢をかけても美味しい。

「書き物の日の献立」

夫の仕事部屋兼物置で仕事。みんなが不用品をこの部屋にそっと置いていく。ひどい。作業をしていたら、夫がコーヒーを運んでくれた。ありがたい。そして自分の文章のひどさに呆れている。もう一度娘と一緒に作文の勉強をしたい。

［献立］
・豚の生姜焼き・筍の木の芽とオリーブオイルあえ・芋茎の梅酢煮・菜の花と豆腐の味噌汁・鰯のごま漬け・卵かけご飯

調味料の使い方はもっと自由に

職業柄、「愛用している調味料を教えてくださ い」と質問されることがある。

すごく珍しいものを使っているかというと、そうでもない。塩や砂糖、油などは近所のスーパーで買うようにしている。なくなる頻度が高い調味料は、近所で購入出来る方が良いのだ。味の基本に使う塩はさらさらのものを選んでいる。食材に満遍なくかけられる方が便利なのである。

毎日料理をしていると、自分の味に飽きて、もう自分のつくったものが食べたくない時がある。

そんな時にこそ役立つのが、いつもと違う、醤油、味噌、酢、みりんなどの発酵調味料なのである。「〇〇のタレ」だと使い切るのにも一苦労だけれど、これらの発酵調味料なら何かしら使い道があるのではないだろうか。塩に比べて、発酵調味料は使うものによって如実に味が変わってくる。だからこそあまりこだわらずに、ばらばらのブランド、種類を楽しむことが多い。たとえば醤油なら、お刺身ひとつとっても、つける醤油の種類が変われば味が全く変わる。毎日の料理に使うと、変化があり、自分の予想と違うものが出来上がって楽しいのだ。


私がよくやるマンネリ解消法は、「味噌汁の味噌を変える」ということ。味噌だって、米味噌、八丁味噌、豆味噌など、大豆や麹と塩の割合を考えると無限の種類が存在する。

いつもは自分でつくった味噌だけど、時々豆味噌の赤出汁をつくる。これがまたテンションが上がるのだ。今日は赤出汁にしようと思うだけで、味噌自体の値段はさほど変わらないのに不思議とぜいたくな気持ちになる。日常の味噌汁は冷蔵庫にある中途半端な野菜のかけらを使うことが多いが、安いあらでも買ってあら汁にしようかしら、それとも、なめことわかめでも良いなあ……などと途端にやる気がみなぎるのだ。

赤出汁は出汁に豆味噌だけを溶かしても味が決まりにくい時がある。ある日、ちょろっとお醤油を足してみた。すると、ぴたりとお店のような美味しい赤出汁が出来てしまった。しかし、この方法は少し邪道なのかしら、と今まで公言は避けていた。

しかしである。先日、愛知県の日間賀島《ひまかじま》にある日間賀観光ホテルへ訪れた時のことだ。あんまり赤出汁が美味しいので、「ここのお味噌汁は本当に美味しいですね」と言うと、地元の豆味噌のほかに京都の白味噌を隠し味に混ぜているのだそう。なるほど！　どおりで尖っておらず、やさしい味わいだ。そうか、混ぜても良いんだ！と腑に落ちた。

そして帰りには、恒例となっている地元の愛知県のスーパーに立ち寄る。味噌を見ていたら、赤出汁用の商品を発見。なんと原材料が「豆味噌、白味噌、醤油」。なんと醤油まで使っているではないか。この味噌を買って今すぐ家に帰って赤出汁をつくりたい！とワクワクした。

それと同時に、普段から「料理は自由に！」なんて言っている私自身こそが、思い込みに囚われていたことに気付き、恥ずかしく反省した出来事でもあった。何したってそりゃ良いのよね。自分で食べるんだもの。

5月の料理

「いいかげんロールキャベツ」

ロールキャベツが食べたくて、でもこってりとした脂は感じたくなくて、鶏ひき肉を、ももとむねの両方を使ったら良い感じ！

醤油で色付けしたのに、スープもまるでコンソメのようだった。

いいかげんな巻き方でどうなるのかと実験したけれど、全く問題なし。

どれだけ適当につくれるかに挑戦してみたかったのだ。

［材料］
〈A〉
木綿豆腐　1丁（350g）
鶏ひき肉　むね・もも各250g
片栗粉　大さじ2

椎茸　5こ（みじん切り）
玉ねぎ　½こ（みじん切り）
塩　5g

キャベツ　1玉

［つくり方］
材料〈A〉を全てよーく混ぜる。キャベツは長めに茹でて、芯を切り取らず葉の1枚ずつにたねを広げ、ちょっと斜めに巻き始める。巻き終わりを下にして鍋に並べ、水をひたひたに。よーく煮てから、醤油、酒、塩でスープを味付け。じゅわじゅわ肉汁なのに、脂っこくない。

「クレソンのニンニク鍋」

夫がシーツを洗濯してくれた。

今夜は気持ち良い寝床が待っていると思うだけで、1日中うきうきした気分になる。寝床に足を入れた時の、さらりとした感触。

家族でカードゲームをして、おやつに「ラ・ヴィエイユ・フランス」にケーキを買

いに行く。店内は混んでいた。乳脂肪を感じる鮮やかな甘いものは、たっぷりした幸せ。

［つくり方］
昆布で出汁を取り、ナンプラーを大さじ2入れた汁に、新ニンニク丸々1こを皮をむき粒のまま入れる。ぶつ切りのエリンギ、たっぷりのクレソン、豚肉を入れ、さっと火を通し、レモンを搾って塩で食べる。青ねぎのみじん切りに醤油とごま油、山椒、コリアンダーを混ぜた「元気鍋のタレ」も準備。甘辛味も合います。ニンニクは最後まで入れたまま。素麺を直接鍋に入れて、煮麺の具として、ニンニクを〆に食べます。クレソンは茎と葉の部分を分けておくのがポイントです。

「アスパラのパン粉焼き」

こどもの日らしいこと、を考えて、プロジェクターで映画ごっこ。子供たちはコナン三昧に。幸せそう。

［つくり方］
アスパラの根元だけ皮をピーラーでむき、小麦粉をまぶし、オレガノとパルメザンチーズを一緒に溶いた卵液をくぐらせ、細かくしたパン粉をまぶしてオリーブオイルで揚げ焼き。
いくらでも食べられる。

「ラム肉の梅シロップ炒め」

おじさんの葬儀。今日は風が強く、ぴかぴかの晴れ。
毎年、梅、木の芽、ふきのとう、ふき、柚子、段ボールにいっぱい送ってきてくれた。
おじさんがいなかったら、私は梅仕事をするきっかけをどこで持ったのだろう。
棺にはおじさんの手づくりの梅干しも一緒に。

［つくり方］
ひと口大に切ったラム肉を梅シロップ、醤油、ニンニクすりおろしに漬けておき、玉ねぎとマッシュルームを炒めたフライパンに汁ごと入れる。肉の色が変わったら、肉だけ取り出し、野菜とタレをカラカラに煮詰め、コリアンダーを入れ、肉を戻す。
スパイスをたくさん入れていたシロップだったからか、中華風になりました。これは酢

豚的な味付けに良いかも。

「刺身のツマのお好み焼き」

息子のリクエストで東京国立博物館のミュージアムシアターに行く。今回はミイラが題材。
どうしても見たい見たいと言っていたので行ったのに、途中で涙目になり、「これいつ終わるの……」と小声で聞いてくる。
なんとか見終わって、どこが嫌だったの?と聞くと、「心臓が重いだけで生き返れないなんて……」とオシリスの審判の天秤の話をしていた。
お刺身を買ったらすごいツマの量だったのでタコ焼きの粉と鰹節と卵でまとめて、フライパンでまあるく焼いたらお好み焼きみたいに。

「筍と木の芽のしゃぶしゃぶ」

「ディーン＆デルーカ」でレモンのポピーシードケーキを買う。みんな出かけていたので1人でコーヒーを淹れて食べた。母の日に特別なことしないで良いからねと夫にお願いしていたので、自分で選んだケーキでこっそりご褒美。自分のペースで食べられて幸せ。

今日は、息子が自転車に乗れるようになり、夕飯は家族にお任せして、ゆっくりお風呂に入った。良い日。

母の日は牛しゃぶに。

牛肉と透き通るほど薄切りの筍に木の芽をのせてぱくり。切り落としのお肉でも十分幸せでした……。出汁は昆布と塩、醤油です。おすすめ！

「鰹のフライ」

朝から撮影。

緊張する仕事の前にはいつも思い出す。「やったら終わる」という夫の言葉。自分に出来ることを一生懸命頑張れば、ちゃんと終わるんだ、と思う。

今日は、憧れの方々と仕事でした。夢が叶いました。

撮影が終わって、幸せとよろこびを噛み締めています。ああ嬉しかった!!

今もまだふわふわした気分。

油が余っていたので、ボルサリーノ関さんのレシピを参考に、鰹を揚げることに。ヨーグルトのソースも美味しそうだったので、ヨーグルトとカッテージチーズ、パクチー、ニンニク、塩を混ぜて。

「パンを楽しむ夕べ」

芍薬のばさりとした、荷をおろした音にいつも驚く。
床にちらばる花びらの美しさ。

［献立］
・筍と桜海老のグラタン（筍の薄切り、トッピングにトマトピューレ、塩、チーズ、生桜海老、ニンニクスライス、オリーブオイル。こんがりするまでトースターで焼く）・レンズ豆とソーセージのスープ・網で焼いた食パン

「アサリともやしのバター味噌汁」

午後から西荻窪、今野書店さんのフェアに。

夫の車で送ってもらう。

今野書店さんに行く前に1人でランチをと思って、カレー屋さんへ。

食べ終わってかばんを漁ると…ない！　お財布がない‼

しどろもどろになりながら事情を説明し、家に帰った夫にもう一度来て払ってもらい、お財布も今野書店さんに持ってきてもらった。色んな方面に申し訳ない。

［つくり方］
小鍋にもやしを敷き、アサリを並べ、小指ほどのバターを落とし、蓋をして蒸す。そこに水、昆布を入れ、沸いたら、味噌をいつもより少なめに溶かす。少しのバターとアサリのうま味でぜいたくお味噌汁。

「生しらすの、しゃぶしゃぶお粥」

以前習っていたダンスの先生がピラティスのレッスンをオンラインで始めたとのこ

とで申し込み。驚くほど体がコチコチ！　自分の手足なのに、どう動いているのか分からない。ユーチューブを見て2日に1回くらいはストレッチしていたけれど、全然ダメでした。


最高のお粥の食べ方、発明しました。

お米1合とたっぷりのお水、干し貝柱と桜海老で出汁を取ったお粥に塩、ほんの少しの牛乳。熱々のお粥を器によそったら、生しらすを入れてかき混ぜて、しゃぶしゃぶします。余熱で火が通るので、釜揚げのようになります。

赤海老は下処理して、めんつゆに漬けておく。これも器でしゃぶしゃぶ。ミディアムレアに。うっとりするほど美味しい！　生しらすはとろける味わい。出汁がすごい。お供は、カリカリに焼いた油揚げ。パクチー。

中華粥でもなく、和風でもない、ごちそうお粥。

「ブリ大根スープ」
ずっと懸案事項だったレシピがやっと固まる。一安心。
［つくり方］
大根、白ねぎを蒸し煮。柔らかくなったら、ひたひたに水を入れ、

トマトピューレ、パセリたっぷり、オリーブ、ケッパーを入れ、塩で味付け。ブリのあらは熱湯をかけて鱗を落とし、塩、白ワインを振る。大根の鍋にブリを入れ、火を止めて、蓋をして余熱で火を通す。オリーブオイルを垂らす。

「いちご食パン」

息子が「かいけつゾロリ」に出てくる「いちご食パン」をどうしてもつくりたいという。しかし、細かい分量もなくレシピもない。しかし説明の文章だけでなんだか妙にそそるのだ。原ゆたか先生のなんと罪深いことか。材料だけを一生懸命書き出している息子の姿がいじらしい。

結局、私はちょっと口出ししながら、夫と息子でつくり上げた。

発酵している生地を見て「ピンク色の豚足みたいだな」と、夫は言った。

いちご1パックを使う豪華レシピ。これがまた、すこぶる美味しかった。いちごのかすかな風味としっかりとした酸味。そしてたっぷりのチョコレート。大人味の甘いパンだった。

「茹でそら豆」

薄皮にちょいっとナイフで切れ目を入れる。あとは少なめの塩水で茹で蒸し、蒸し茹で、はてどっちだろう。蓋をして鮮やかな色になれば大丈夫。

「きゅうりとそら豆、パセリのかき揚げ」

私が梅仕事をし始めると、娘が手伝ってくれた。今年は梅割り機を導入。これは画期的でだいぶ楽になった。
お素麺しかなかったから、こんなかき揚げを。名作だ、これは！

［つくり方］
きゅうりを長めに斜め切りし、薄皮をむいたそら豆、パセリと一緒に米粉をまぶし、水で少しとろみをつけ、片栗粉でまとめたら、少なめの油で揚げる。ぱりぱりでホクホク。色んな青さが重なる。

「鱧《はも》のオレガノ焼き」

思いのほかゆっくりと朝ご飯を食べてしまい、のろのろと免許の更新に出かける。すぐ終わると思っていたら、講習は2時間。これは起きている自信が全くない。困ったなあと思いながら、先生の話を聞く。前の席の居眠りしている子がこっぴどく怒られ、怖くなり腕の痛いツボをぐりぐり押しながらなんとか乗り切った。

［つくり方］
鱧をひと口大に切り、オリーブオイルで皮目を先に焼く。チーズ、パン粉、オレガノをたっぷりまぶし、オイルを足して裏返し、カリカリになるまで焼く。フライパンの端でレンチンしたジャガイモも一緒に。

「パセリ肉団子」

朝、人生初の書籍の企画書を書く。自分は良いと思うけど、みんなはどうだろう、そんなことを考えるとなんだか独りよがりなような気がして恥ずかしくなってしま

う。でも一歩踏み出すとよろこんでくれる人もいるかもしれない。えいやっと色々と挑戦したい。

［つくり方］
豚ひき肉200g、鶏むねひき肉200g、パセリ両手いっぱいをみじん切り、米粉大さじ1、塩4gを混ぜる。お肉屋さんのお惣菜のビーフシチューに、丸めて入れてかさ増し。トマトジュース、赤ワインをプラス、昨日の卵焼きも。15分くらい煮込みました。色んなスープで煮ても、焼いても美味しい。ほかの献立はレンズ豆と野菜の煮物、もずく酢でした。

「筍鯛めし」

息子とお喋りしながらスーパーでお買い物。
何気ないことが楽しい。牛乳を持ってくるのも、かごを片付けるのも息子の役目。
うっかり私がやっちゃうと涙声で怒る。
こんなこともあと数年でなくなるだろう。子供って成長するから、今日が一番小さく、いたいけ。

［つくり方］

米4合、水4カップ、酒大さじ4、塩小さじ2、醤油小さじ1をひと混ぜ。のせられるだけの量の筍の薄切り、その上にうろこを外した鯛の切り身を2切れ。具材をのせたら混ぜちゃダメ。いつも通りに炊きます。炊き上がったらざっと鯛の骨を取って。木の芽があるといい。

「鮭とブロッコリー」

朝から撮影。カメラマンの女性の方も、ライターさんも、うちと同じ歳のお子様がいらっしゃって、もうランドセルを購入したとのこと。ああ早く考えないと。

［つくり方］

ブロッコリーにニンニクのすりおろしと塩、オリーブオイルを混ぜて250度のトースターで10分焼く。途中でぶつ切りにした鮭をのせ、さらに5分ほど皮目がカリッとするまで焼く。

「筍とサラミのパセリクリームソースのパスタ」

ミントの入浴剤。庭でハーブを干してはお茶パックに入れて、お風呂に。
ミントくらいなら良いのだけど、ローズマリーやバジルを使うとお風呂で煮込まれているような気分になります。
甘酒を冷たいハーブティーで割るのも美味しい。

［つくり方］
書籍『毎日のあたらしい料理』のアスパラのクリームパスタの応用です。筍とサラミを薄切りにして、すりおろしたニンニクをちょっぴり。生クリームを入れて少しとろみが出るまで煮詰めます。仕上げにはパセリをどっさり。茹で上げたスパゲッティをあえます。味見をしてから塩。あとは黒胡椒もがりがりと。今日は最後にパルメザンチーズをたっぷり削って、サラミに負けないようコクを足しました。

「鯵のクミンカルパッチョ」

朝一で撮影。寒くて雨がしとしとと降っているのにサンダルで来てしまった。つま先が冷たい。撮影自体はすぐに終わったので、家に帰りまっさきに毛糸の靴下を履き、生姜を入れたミルクティーを淹れてすする。寒かったものの、動いたおかげで体の中までは凍っていない。むしろやる気がみなぎって、〆切りの記事を仕上げる。終わると思わず「あー！」と声を上げた。

［つくり方］
お刺身用の鯵には炒ったクミンシード。カッテージチーズ、鎌倉のＦＯＯＤＳＴＡＮＤ ｍａｇａｌｉさんのトマトドレッシングも添えて。本当に美味しい組み合わせ。

「バジル酢豚」

娘と息子の成長をよろこぶのはこんな時。

娘と娘のお友達と息子で、コナンの映画を見に。

そして、その間に私と夫は同じ映画館で『ドクター・ストレンジ』を見て、２人で思う存分辛いタイ料理のランチを楽しんだのだ！

その後、待ち合わせしてみんなで温泉へ。なんて素敵な休日。みんな一緒にいなくても楽しんで、また一緒に過ごして。なにより、全部に付き合ってくれた娘のお友達に感謝です。

［つくり方］

書籍『いい日だった、と眠れるように』に入っている酢豚のレシピ。新ジャガを、パプリカに変更。豚肉に米粉と片栗粉を振って少ない油で揚げ焼きし、フライパンを綺麗にキッチンペーパーで拭き取る。玉ねぎとパプリカを入れて軽く炒め、黒酢と醤油と砂糖。肉を戻し入れてとろみがつくまで煮詰める。バジルは最後に両手いっぱい入れる。爽やかな味。

「鯛あらのトムヤムスープ」

スーパーで立派な鯛のあらを見つけたので、トムヤムスープに。タイ料理を食べに行きたかったから。適当につくったけど、とっても美味しかった。

［つくり方］

鯛あらに塩、お湯をかけて鱗を取り、鍋に入れる。

ココナッツオイル、玉ねぎ⅛、しめじ½パック、大根の端っこを薄切り、水、トマトスープ、梅酢、梅味噌、ナンプラー。グツグツ煮たら、まろやかさを出すために牛乳。

なんということでしょう！　トムヤムの出来上がり。ココナッツミルクがない時は、ココナッツオイルと牛乳で。梅酢と梅味噌は良い酸味になります。なかったら、梅干しと味噌で。子供仕様で辛味がないので、唐辛子や、トムヤムペーストを入れたらもっと本格的です。水菜しかなかったけど、パクチーが合います。スープをご飯にかけながら食べました。こういうのを食べたかった。

「ニラ鰹」

夫が私の友人と仕事。
友人からのプレゼント、大好きな「エシレ」のマドレーヌとフィナンシェ。
夫へ預けてくれていた。甘くて良いにおいがして、ふかふかで幸せの味。

［つくり方］
ニラのみじん切り、醤油、ちょっぴりすき焼きのタレ（焼肉のタレでも）、鰹のお刺身をよく混ぜます。卵黄を落として。

いつ食べてもいいバナナチョコアイス

毎日暑い日が続くと、食べたくなるのがアイスクリーム。火照った体をとろりと冷やしたい。そんな口溶け抜群のアイスクリームがバナナとココアパウダーとお砂糖だけでつくれちゃいます。材料が3つだけなんて全然分からないほど、ちゃーんとアイス！　ココアパウダーの量、お砂糖の量、この辺はぜーんぜんアバウトで大丈夫です。つくっている途中にペロリと味見して、好きな味にしてくださいね。

食べるのをためらうほどの真っ黒なバナナを使うとさらにバナナ感がなくなります。「忘れてた！」みたいなバナナを使ってください。

皮がついている状態で200gくらいのサイズのバナナを2本使います。ハンドブレンダーでなめらかになるまで潰しましょう。ミキサーでも大丈夫です。マッシャーでも。とにかくなめらかなピュレ状にするのがコツです。

なめらかになったら、無糖タイプのココアパウダーを入れて、混ぜていきます。よーく混ぜ合わせてくださいね。私はこってりチョコ味が好きなので小さじ2のココアパウダーです。ビターさもある濃厚なチョコ味になるので、あっさりが良ければ減らしてください。苦味が心配な方は、小さじ1程度から試して。次に砂糖を小さじ1〜2程度入れます。砂糖はどんなものでも大丈夫。はちみつでも良いです。お好きなものでお好きな甘さになります。この時点で味見してください。甘味が十分であれば、冷凍庫で2〜3時間冷やし固めます。

途中でかき回す必要はありません。3時間後、固くなりすぎたら、少し室温に置いてみてください。ほんのり溶けかかっているくらいが、よりアイスクリームらしくて美味しいです。とろーりねっとりです。バナナと砂糖だけでも良いのですが、ココアパウダーを濃いめに入れることでリッチさが加わり、バナナの風味も和らぎます。

なにより、毎日食べてもそこまで罪悪感を感じません。

おやつにアイス食べたいー！と子供たちが大騒ぎしても、「ま、いっか。バナナだしね」となっちゃう。私の夜の一息おやつにも。

そして、溶けてもベタベタしにくく、大惨事になりにくいんです。小さい子にアイスクリームを食べさせる時って結構緊張感が走りませんか？（私だけかしら）溶けたところで、バナナなので垂れません。

クッキーにのせても美味しいですし、チョコチップを混ぜても良いです。ココアパウダーを入れずにクリームチーズやベリーを混ぜても美味しそう！　出来上がってから、シナモン、カルダモンパウダーを振るのも良さそう……などと、色々とアイデアが膨らむアイスクリームです。

6月の料理

「ローストビーフとうにのブルスケッタ」

誕生日だ、今日は私の。

倒置法で強調です。お友達から大好物の檸檬ケーキが届く。ふわふわで酸味がきゅっと効いたホワイトチョコがかかっていて、とにかく美味しい。嬉しいなあ、お誕生日。

夫が、夜はテイクアウトにしようと言うので食べたいお店を相談していたら、お休み。

というわけで、欲望に任せた、私の、私による、私のためのお誕生日ご飯をつくった。あとはお豆腐のビシソワーズ、お刺身のミックスタルタル。こういう好きなものだけつくるお料理って楽しい！　ローストビーフは娘が下拵えをしてくれた。嬉しい。

［食べ方］

ローストビーフ用の牛肉400gを室温に戻し、耐熱皿にのせて、余熱なしのオーブンで100度35分、裏返して35分焼く。保存袋に醤油50㎖、ニンニク1かけすりおろし、オリーブオイル大さじ1を入れて牛肉を漬け込み、2時間〜一晩冷蔵庫で寝かせ、食べる直前にフライパンで香ばしく焦げ目を付けます。

「アオサン」のパンにローストビーフ、生うに、オリーブオイル、軽く塩をのせて。一息にぱくっと食べれば天国。

「キャベツのマスタードあえ」ほか

ハーブ園で1日中作業。夫にも付き合ってもらう。土を耕して耕して耕して、ひたすら苗を植えて、ミントや雑草を引っこ抜く。午前だけじゃ到底終わらず、午後も作業。手もマメだらけでそれが何度も潰れて痛い。でも、本当にスッキリした。

[キャベツのマスタードあえ]
キャベツの千切りは塩してチン。玄米黒酢、マスタードであえる。

[ニンジンナムル]
ニンジンを千切り。お酒を振ってチン。ごま油、塩、ごまを混ぜる。

［しらたきの真砂あえ］
しらたきは空煎りし、バター、酒、ちょっぴり醤油、ほぐしたたらこを混ぜる。

「具だくさん麻婆豆腐」

午前中に打ち合わせ。レシピに悩む。どうしたものか。

美味しいものを食べられたら、嬉しい。自分でつくれたら、楽しい。
家のご飯はささやかだけど満たされる、どこかが。うまく説明出来ないけど。
毎日の食事で少しずつ嬉しくなれたら、それは幸せな人生につながると思う。

［つくり方］
あいびき肉、ニンニク、生姜、白ねぎのみじん切りをごま油で炒める。
ズッキーニ、ナスを入れて、豆板醤、醤油、味噌、ラー油、花椒で味付け。紹興酒、オイスターソース。賽の目に切った豆腐を入れて、水溶き片栗粉を混ぜてとろみをつける。最後にまた花椒。
麻婆豆腐って頭に浮かんだら、もうそれしか食べたくなくなっちゃう。

「カレーと梅」

いよいよスーパーにも黄色い梅が並び始めた。ドキドキ、そわそわしちゃう。梅だけは待ったなしだから。いつもこの時期は6月と7月のカレンダーとにらめっこなのだ。

［献立］
カレーと梅・小梅のピクルス・ゴーヤのスパイスグリル・梅の醤油漬けはカレーにもぴったり。

「とうもろこしと桜海老の卵蒸し焼き」

午前中からぼそぼそとやらなきゃいけないことをしていたら、ぽっかりした気持ちに。なんだか神社かお寺に行きたいと信仰がぐらぐらなことを言って、玉川大師に行く。玉川大師は地下に潜ってお参りしていくと、お遍路参りと同じ御利益があるという。

目をつむった時の見えない感じと違う「闇」の中を歩く。一生懸命見ようとするのに、何も見えない。外に出たら光にじんじんして、この世が別世界。

［材料］
卵　2こ
とうもろこし　½本
塩　小さじ½弱
みりん　小さじ2
水　300㎖
干し桜海老　大さじ2

［つくり方］
とうもろこしは皮をむき、粒を取る。包丁で削いでも良いです（缶詰も可）。耐熱の大きなボウルに、生のとうもろこしの粒を入れ、卵を割り、よーく混ぜます（私はボウル代わりに、ラーメン鉢を使っています）。卵の白身のドロッとしたところも箸で切るように混ぜます。塩、みりん、水、桜海老を入れよく混ぜて、お湯を張ったオーブンの天板にのせ、150度で25分加熱します。天板にお湯を入れる時はオーブンにセットしてから、やかんで注ぐと良いですよ。

「イカのソテー」

ユーチューブの配信設定であくせく。やっとやっとアップ出来ました。ほっとしました。みなさんが「ちゃんと見れますよ」と反応してくれて…嬉しい…やさしい……。

［つくり方］
白イカをスミ、たっぷりのトマトピューレ、すりおろしたニンニク、オリーブオイルでさっと炒める。

「ローストチキン、トマト、玉ねぎのお味噌汁」

玉ねぎをくし切りにし、そのまた半分に切る。コトコト茹でて、柔らかくなったら火を止めてトマトを入れ、味噌を溶かし、ローストチキンをちぎって入れる。再度火をつけて沸騰したら、すぐ火を止める。お出汁なしでもうま味たっぷり。ローストチキン、良いです。

「ささみとニンジンの葉っぱのソース」

午後から梅の収穫に。完熟梅がぽとぽとと落ちてくる。とても蒸し暑い日だったけど、生い茂る梅の葉の陰にいると、ここで生きているんだなあって思った。

［つくり方］
バターをたっぷりフライパンに溶かし、ささみをバターでやさしく火を通すようにくぐらせながら何度も裏返す。ちょっと遊んでるみたいに。ニンジンは横に置きっぱなし。
肉の両面に塩をして、ニンジンと一緒に皿に移したら、残ったバターでニンジンの葉っぱのみじん切りを炒め、お湯を入れて柔らかくなるまで煮詰めていく。

「スペアリブ、キャベツのビネガー煮」

学校のお役目の仕事が始まったようで、書類づくりに急いで取りかかる。混乱。
夕方、お花屋さんに行って、デルフィニウムを買って花瓶にどんどん生けたらルドンの絵みたいになった。

直売所ではきゅうりが山ほど入って100円だった。なんだかもう価格破壊がすごくて見つけるたびに買ってしまう。

［つくり方］
スペアリブは茹でこぼし、酢とキャベツ、ローリエと一緒にコトコトと煮る。塩で味付け、酢がきつかったら砂糖を少し入れても良い。
ビネガー煮は夏になるとつくる煮込み料理。酸味が効いたスープに玄米サラダを浸しながら食べる。神戸のビストロの味。本当はクスクスと皮付きの豚バラ肉で、絶品だった。懐かしい。

「あいびきと夏野菜」

夫が仕事でいない1日。早く帰ってこないかなあと、子供たちが寝るまでは切に思うのに、子供たちが寝た後はああ1人だー！ってちょっと楽しくなっちゃう。

［つくり方］
大ぶりに切った夏野菜をじっくり焼き、フライパンの端に寄せる。牛と豚のあいびき肉に塩とニンニクすりおろしを混ぜてお

き、フライパンの空いたスペースに入れて、ほぐさず焼きつける。最後にざっとあえてカレー粉とウスターソースで味付け。

「春雨とアサリの炒め物」

梅仕事。綺麗な梅を選んでもらう。東京、和歌山の南高はそろそろ終わり。次は、群馬。その次は青森。毎年、梅は今か今かと待ちわびて、あっという間に過ぎ去っちゃう。

アサリと春雨は蒸し物をやりたかったけど、炒めてしまった。鯵フライとコロッケは横須賀の漁港のお土産。

［つくり方］

少し多めの油でニンニクすりおろしを炒め、戻した春雨を炒めて醤油。アサリを入れて、紹興酒。蓋をして、最後に青ねぎのみじん切りをどっさり。豆板醤を入れても美味しいのだけど、子供が食べられなくなっちゃうから、各自の器で。

「蒸し鶏ときゅうりの冷やし麺」

朝、自宅で撮影。なんとか午前中に終わらせることが出来て良かった。お昼ご飯にギリギリ。つくり置きしている蒸し鶏で冷やし麺。簡単美味しい。

［つくり方］
蒸し鶏（鶏もも肉に肉の重さの1％の塩を振り、フライパンに昆布と日本酒で15分ほど酒蒸し）、叩いたきゅうりを梅の醤油漬けのタレに漬けておき、ひやむぎを茹でて冷水で締めて、具材を漬け汁ごとかける。山椒の塩漬け、青唐辛子のみじん切りを。夏の爽やかな麺。

「ゴーヤのベトナム風サラダ」

オンラインレッスンの試作でつくった「ゴーヤのベトナム風サラダ」。これ、毎日ずっと食べたい。全ての味、食感を考えました。

［材料］
〈A〉
鶏ももひき肉　100g
ナンプラー　大さじ3
みりん　大さじ1
日本酒　大さじ1

サニーレタス、グリーンリーフなど　4枚以上（洗って水気を取っておく）
青ねぎ　適量（カットパックなどでもOK）
バターピーナッツ　適量
ゴーヤ　½本
レモン　½こ
卵　2こ
砂糖　小さじ2

〈ゴーヤの下拵え用〉砂糖、塩　適量

［つくり方］
〈A〉をよく混ぜてラップをふわっとかぶせ、600Wの電子レンジで1分半。もう一度よく混ぜて、さらに1分半レンジにかける。ゴーヤのわたと種を取り、スライスする。下拵え用の砂糖と塩でよく揉み、15分ほど置いてから、フライパンでさっと湯がく。フ

ライパンの水気をよく拭き取り、油をひき、砂糖小さじ2を混ぜた卵を半熟状に焼く。

葉野菜、ひき肉、卵、ゴーヤ、ピーナッツ、ねぎなどを盛り付け、最後にレモンを搾る。

「鯛ととうもろこし、筍のクリーム煮」

ふわふわの鯛の身を蕪と合わせてクリーム煮にしたものをつくってみたいなと思ってスーパーに行く。

うーん蕪、高い！　あれ!?　とうもろこし安い！

とうもろこしとクリーム合うよね、と、試してみたら大正解。筍も合わせたらこれがまた！　シャクシャクプリプリとろとろ…！

［つくり方］
生クリーム1パックをフライパンに。とうもろこし1本の粒を削ぎ、筍小1こスライス、ニンニク1かけすりおろしを入れて煮詰める。大きめの鯛2切れを大ぶりに切って入れ、さらに煮詰め、塩。仕上げにちぎったバジル。
目鯛だったからプリッとしちゃったけど、真鯛でふわっとなるようにもう一度トライしたいです。でも白身系のお魚、なんでも試したくなる美味しさ、手軽さです！

「豚の梅味噌焼き」

ごま油、ニンニクすりおろし、醬油、梅味噌、梅のスパイス砂糖漬け（P129参照）をフライパンでひと煮立ちさせ、生姜焼き用の豚肉を入れて絡めながら焼く。

ゆでゴーヤ（P88参照）と一緒に食べると最高でした！　で！　これを……とろろご飯と合わせるんです！　美味しすぎました。

娘と夫、ご飯3杯食べました。

「蕪と梅のサラダ」

蕪に、皮をむいた梅を塩漬けにしたソースを。すっぱしょっぱフルーティ。

「タコのポテサラ」

夕方買い出しにスーパーへ行ったら、カートに足の小指をぶつけてしまう。サンダルだったので爪が少し剝がれてしまい、流血。夫が急いで帰り、車で迎えに来てくれた。

［つくり方］
蒸したジャガイモとオリーブ、タコをたっぷりのマヨネーズであえただけ。味付けはマヨネーズのみだけど、タコもオリーブもきっちり塩が効いてお互いに風味が移って美味しい。

「豚の脂で揚げ焼きしたトロナス、万願寺唐辛子の梅びたし」

夜は豚の角煮にするつもりで豚バラ肉のブロックを買っていたのだけど、もうその気持ちも萎えてしまって、茹で豚にした。

［つくり方］
豚バラ肉のブロックの脂が多かったので、包丁で削いでその脂で野菜を焼く。

食べるのが憚られるほど、きっちり豚の脂を吸い切ったトロナス。一つ食べたら、もう信じられないほど美味しくてうっとりした。カロリーが怖くなり、一ついただいた後は万願寺唐辛子のみを食べる。梅でサッパリさせれば良いと思ったけど、爽やかな酸味でいくらでも食べられそうでかえって良くなかった。

「かじきとマッシュルームのソテー」

1日中撮影。お天気が心配だったのだが、ちょうど外での撮影の時に雨が止み、ほっと一安心。撮影の様子を見ていたら、なんだかすごいなあとぼんやりしてしまう。かっこ良かった。私は元々TVの仕事をしていたので、撮影スタート、終わりというのが身に染みついていて達成感がある。映像と写真は違うけど、どちらも終わった後のほっとした空気が好きだ。

［つくり方］
オリーブオイルでニンニクの薄切りをソテー、マッシュルーム、ミニトマト、アンチョビ、白ワインを少し入れて沸騰させ、角切りにして塩をしたかじきマグロを加えさっと焼く。火を止めて蓋をし、余熱で蒸すようにやさしく熱を入れる。

梅仕事と環境問題

5月もなかばを過ぎると、もう居ても立っても居られない。ずっと心がそわそわして、今か今かと待ちわびている。まずは小さな実が姿を見せて、ぎゅっと固く締まった青い実、そしてとろけるような甘い香りを放つ黄色い果実。そう、梅の実の季節がやってくるのだ。

初夏から夏の終わりまで、私はずっと梅に身を任せ、梅を中心にした生活を送っている。やっと会えたかわいい丸い梅。そっとその産毛をなぞり愛しく嬉しく思う半面、少し怖い気分になる。毎年、梅仕事を終えるまでは、緊張が解けないからだ。少し青い実は、上手に追熟出来るだろうか。カビを生やさないように、とびきりの梅干しが出来るように……そんな風にずっとずっと梅のことを考えている。

20年以上梅仕事をしていて、年々危惧するようになってきたことがある。それは地球の気候変動だ。

通常、梅は6月に塩漬けしておき、梅雨が明けた頃、土用の丑の日に干し始める。これが「梅の土用干し」と昔から呼ばれている理由である。この時期は日がカンカンと照り、梅を乾燥させるのにはもってこいの気候だ。しかし最近は、あまりにも気温が上がりすぎて、3日間も干すと梅の水分がすっかりなくなってしまうようになった。カリカリに固く乾燥して、梅干しというよりは「干し梅」といった様相になってしまう。

それに最近は夕立というよりも、「スコール」に近いような雨が、頻繁に降ってくるようになった。雨はなにより梅の大敵なのである。そりゃあ濡れたら、また梅酢で洗い殺菌して干せば良いのだけども、やっと干すところまでこぎつけたのに悔しいったらありゃしないではないか。慎重に慎重を重ねて、私は少しでも灰色がかった雲が見えるとさっさとしまうことにしている。

それでも、大量の梅を室内にしまっていると、ぽつりと雨が落ちてきて、ぎゃあっと思わず声が漏れる。もうその時には、心の余裕などは一切なく、「手伝ってー!!」と鬼の形相で家族を呼びつけ、ザルをリレーのように運ぶのである。

梅仕事をしていなかったら、こんなに夏の空をじっとりと観察することはなかっただろう。そして、気候変動についてこんなに真剣に考えることもなかったかもしれない。梅仕事を取り巻く環境が年々厳しくなっている今、昔ながらのレシピも変化させなくてはいけないのかもしれない。

料理家として私が出来ることはなんだろうか、とずっと考えている。

7月の料理

「タコと空芯菜の炒め物」

らっきょうの始末や、新生姜の甘酢漬けなどの作業を行ってくたくた。初夏の季節仕事の時期は本当に慌ただしい。なのに、ついつい材料を目にするたびに買ってしまう。

［つくり方］
フライパンに米油を入れて煙が出るほど熱し、タコ、エリンギ、空芯菜をざっと炒める。近所の畑で採れたての空芯菜は柔らかく、タコのエキスを吸ってなんとも美味しい。

「わらさの発酵鍋」

今、ハンカチをつくりたいなあと思っている。私はハンカチが好きだということに最近気づいた。お気に入りのものをかばんに入れている時も、洗濯をしている時も、華やかな気分になるから。食べ物や、海、お花の写真を全面にプリントしてあるハンカチ。きっと壁に貼ってもかわいい。

［つくり方］

わらさが1尾500円しなかったので、一生懸命さばきました。あらと骨は塩焼きに。内臓は湯引きしてポン酢漬け。身の部分はしゃぶしゃぶに。

ぬか漬けの蕪をお出汁に入れ、葉の部分の古漬けを元気鍋のタレ（青ねぎのみじん切りに、醤油、ごま油、山椒、コリアンダーパウダー）を混ぜました。鍋のベースは焼いた骨、酒、塩、昆布。白髪ねぎと白菜の細切り、豆腐としゃぶしゃぶ。味付けは塩や、元気鍋のタレ、ポン酢で楽しみました。

魚を丸ごと1尾買うと楽しい！　身がボロボロになっても骨にくっついていてもお家で食べるなら問題なし。

「わらさのパスタ」

昨日のわらさのあらをほぐして煮込んだ魚の出汁でパスタを茹でる。ニンニクすりおろし、わらさの身と内臓、バター、蕪の古漬け、大葉と白ねぎのみじん切り、梅干しに、茹で汁とパスタを加えてあえる。最後に青唐辛子を。最高の一期一会パスタ！

「サンドイッチ」

桐野夏生さんの『ロンリネス』を読了。久しぶりに本をゆっくり読めた。淡々と「え？」といったことばかり起こり一気に読んでしまった。私と似た境遇の女性たちのお話だけども、意外とあることなのかしら……。

［サンドイッチの具］
鶏むね肉のソテー、メンチカツ、ナンプラーきゅうり、酢キャベツ。
その他にモロヘイヤのスープ、モスタルダ、ナスのマリネ、いんげん。

「ズッキーニの花のモッツァレラ詰めフリット」

「やまとなでしこ」が再放送ということで、急いで寝かしつけをして、スタンバイ。松嶋菜々子さんは綺麗だし、ちっとも変わらない。時代もあまり感じない。不思議。見ていたあの頃は夢物語だと思っていたけど、ない話ではない！と、大人になった今は分かるのだ。あの時の桜子よりも歳上だなんて…！
昨日の「若草物語」を見た後に、「やまとなでしこ」を見ると結婚についてつい思いを巡らせる。

［つくり方］
ズッキーニの花に詰め物をする。モッツァレラチーズとアンチョビをしのばせたら、小麦粉と片栗粉をまぶし、オリーブオイルで揚げ焼き。レモンをぎゅっ。軽い感じで美味しい。

「とうもろこしと海老のすり身揚げ（チーズ入り）」

どうもやる気が出ない。今日はもう外に出ないと決めてお化粧もしなかった。するともう起きているのか、目を開けている感覚すらない。

夫の仕事が一段落して、夜中までお喋りしてしまった。気分は麗らかだから良しとする。

［つくり方］
はんぺんをよく潰し、背わたを取った海老のざく切り、とうもろこしの粒、小麦粉、片栗粉を入れてよく混ぜる。油を塗った手でまん丸にして揚げる。プロセスチーズを入れるとさらに美味しい。

「ほうれん草のニンニクディップ」

世田谷文学館へ安野モヨコさんの展覧会を観に行く。狂気と美意識。白昼夢のよう。

若かりし自分を思い出し、恥ずかしくて懐かしさに身がよじれた。安野さんの漫画が大好きだった。ストーリーも出てくる女性の顔もファッションも言動も。何度も何度も読んだし、きっと影響も受けていた（かけ離れていたので実感はないけども）。

親友は、『花とみつばち』のサクラに見た目がそっくりだ。みんなに好かれてファッショナブルなところも。しかし、彼女はいつも控えめで、芍薬のように大輪なのに目立とうとする気持ちは一切ない。想像を優に超えた魅力的な人はいつも自然体だ。

［つくり方］
ほうれん草1束をざく切りにして少しのお湯で茹で、水にさらしぎゅうっと絞る。玉ねぎスライス½こ、潰したニンニク2かけを油でソテー。玉ねぎが透明になったら、ほうれん草を入れる。あらかた炒めて、塩小さじ½。水気をしっかり飛ばす。完全に冷めたら、ギリシャヨーグルト100gと一緒にブレンダーかフープロに。味見して塩を入れる。仕上げにオリーブオイル。鯵のフライに添えたり、ローストビーフサラダや、アスパラもこのディップで。

「チキンピラフ」
家のことをゴソゴソ。保存食、梅仕事の残り、お野菜の仕分けなどを。夕方から久しぶりに銭湯へ。娘とゆっくり入る。気持ち良かった。

［つくり方］
ル・クルーゼに多めの油をひいて、鶏肉を皮目から焼き、塩、トマトピューレ、コリアンダー、潰したニンニク3かけ、細切りしたいんげん、バスマティライス2合に水4合。炊き上がりがべちゃっとなってしまったので、ラップをせずに電子レンジにかけて水分を飛ばしました。水3合で良かったかなあ。梅酢玉ねぎ、ニンニクすりおろしと塩を入れたギリシャヨーグルトをかけて。茹でたアスパラもぴょんとのせた。

「豆乳冷麺」

夫が三田のホルモン焼きにお昼から行こうというので、その後アーティゾン美術館を予約した。息子は大よろこび。お正月に奈良旅行で行って以来、久しぶりの外食での焼肉。お昼からビールと味の濃いお肉をつついていると、思わずずっと笑ってしまう。

と、浮わついていたら、直射日光の窓際の席だったので軽い熱中症に。

アーティゾン美術館では、鴻池朋子さんの展示、青木繁さんの「海の幸」、印象派の女性たちの展示を目当てに。鴻池さんの展示は、作品の生命力に圧倒されました。

強い、本当に強かった。

［つくり方］
きゅうりの水漬けの汁と、チキンソテーの煮凝り、豆乳を混ぜて、スープに。茹でて水で締めた素麺、りんごの千切り、常備していたチキンソテーのスライス、きゅうりの水漬け、トマト。火照った体にちょうど良く、すぐ出来てとっても美味しかった。

「ズッキーニと鶏のスープ」

近所の農家さんに「今年はとうもろこし、どうでした？」と聞いたら、全部狸にやられちゃったって……。でも、狸との顚末をなんだか楽しそうにお話しされるので、ちょっと笑っちゃいました。

育ちすぎたズッキーニ。こんなに大きいお野菜どうするの……と思っていたけど、よく考えたら大根と同じスケール。骨付き鶏もも肉を茹でこぼしてから、白ねぎ、青ねぎ1本ずつみじん切り、ニンニクと生姜各1かけ、日本酒ドボン、牛乳大さじ1、塩小さじ1を入れてコトコト煮込み、皮をむいたズッキーニの厚切りを最後に入れる。10分程度煮て味見をして味を整えたら出来上がり。

「ナス、万願寺唐辛子、ピーマン、豚の梅味噌炒め」

プールに送っていく途中、ぽとりと雨粒。
空は明るいからすぐに止むでしょう、なんてのんきでいたら、どんどん降ってくる。
近くのドラッグストアに一時避難し、お迎えまで消耗品の買い物などをする。

ふと口紅のコーナーを見る。もう1年以上、口紅を買っていない。私は貧血持ちで顔色も唇の色もほとんど「無」なので、欠かせなかったのに。もうリップの流行色さえ分からない。かわいいなあ綺麗だなあとひととおり眺めて、日焼け止めとかゆみ止め、ずっと悩んでいた夏用の着圧タイツを買った。

最近、美味しそうな豚肩ロースがあると、すぐに梅味噌炒めにしちゃう。甘めの梅のスパイス砂糖漬け（P129参照）が、豚肉に合う。

［つくり方］
ごま油、生姜すりおろし（いつもはニンニクなのを変えてみた）、醬油、梅味噌、梅のスパイス砂糖漬けを、豚肉のタレにして焼く。

「ねぎ豚」

久しぶりにねぎ豚。私これ、大好きだったんだって思い出した、神戸の味。

［つくり方］
青ねぎ2束たっぷりみじん切り、鰹粉、塩、小麦粉、水、ゆるめに溶いて、ごま油をひいたフライパンに流し、豚肉を乗せて両面焼く。ひっくり返すときはお皿に滑らし、フライパンを被せ、えいやっと。食べる時はポン酢で。

「桃とゆかりとモッツァレラ、タレッジョ、実山椒の塩漬け」

今日も油断していたら雨に降られると思い、分厚いレインコートを着て重装備で出かける。
結局降られなかった。それはそれで損した気分。少しくらいなら、降っても良いんだよ。

プールから上がった息子の髪をよくよくタオルで拭いて、冷え切ったスーパーへ。息子が買い物かごに勝手に果物を入れていく。「もう！」と思ったら、きっちり「半額」のシールが貼ってあるものだけを選んでいて「おとくなんだよお」と教えてくれた。

食べ合わせを家族で実験。夫と娘は桃と焼き豚、私はタレッジョと実山椒、が新しい美味しさの発見でした。モッツァレラと実山椒も良かった！　桃とゆかりは美味しい浅漬けみたいでした。

「土鍋ラーメン」

お昼ご飯。
袋麺を土鍋でつくって、たっぷりお野菜。最後にレタスも。
袋麺は冷蔵庫に余っているお野菜をとにかく使いたい時にありがたい！　全てを受け止めてくれる。土鍋をみんなでふうふう言いながら食べるのは楽しいのだけど、唯一の欠点は全く冷めないこと。秋の日に、庭で食べてみよう。

「ナスの田楽」

動画の編集をする。サクサク慣れてきた。でも夏休み期間は子供たちがいて動画の撮影が出来ない。少しずつでも更新できれば良いのだけど、仕方がない。何事も無理せず、が一番。

［つくり方］
ナスに格子状に切れ目を入れて、フライパンで多めの油でじっくり焼く。甘味噌をのせて。

「スペアリブの豚汁」

お昼ご飯は、夫がおにぎりを握り、卵焼きをつくってくれたので、私は冷凍していたスペアリブの炭火焼きを洗って、焦げを少し落とし、豚汁をつくった。
キャンプで焼いておいたスペアリブ。火が通っていて尚且つ柔らかいので、煮ているると15分ほどでほろほろになる。玉ねぎ、ズッキーニ、トマトを入れて、味噌を溶かしたら出来上がり。昆布を入れても良いけれど、これだけでお出汁いらずの十分リ

ッチな豚汁。

「炭火焼き鳥と冬瓜のスープ」

一木けいさんの『1ミリの後悔もない、はずがない』を読み終える。読み終えた瞬間、本を閉じて、夫の背中をじっと見る。自分の今までを一生懸命に思い出した。凪のような人たちと暮らしているから、自分の荒さはすっかり融かされてしまった。

買い物に出かけるも、なんだか思うように食材に巡り合えず。余っていた冬瓜とキャンプでつくっていた鶏の炭火焼をスープに。

［つくり方］
白ねぎを焼き鳥の時くらいの長さに切り、生姜と冬瓜と酒も入れ、コトコト煮る。鶏肉を入れさらに15分ほど。塩で味付け。

「ゴボウの素揚げ、青海苔コンソメ」

ゴボウをピーラーでひたすら薄くむき、多めの米油で炒めながら水分を飛ばし揚げていく。青海苔とコンソメパウダーをまぶす。ゴボウ嫌いの娘の好物。

「カメノテのお汁」

夫は仕事。

息子が家の中で走り回るので、外に出よう！と、家の前の路地をみんなでかけっこする。なんと、5歳児より遅い私。そもそも走れない。娘はさすが！　すごい迫力で走っていく。全力疾走なんて大人になってから初めてかも。

ちょっとスッキリした。


伊豆に行ったお友達からカメノテが送られてきた！　茹でてほじくると、まるでカニの身みたい！　茹で汁にも薄く味噌を溶かし、青ねぎだけ入れて食べた。

幸せな贈り物。

「ゆでゴーヤ」

息子の髪を切る。もうそろそろ美容院へ行ってほしい。責任が持てない。切り終わって、お顔が見えたから「かわいい！」と言ったら「かわいくない！」と怒られてしまった。

ゆでゴーヤは常備菜。これは調味料のようなもの。苦味が夏のご飯を美味しくする。ゴーヤ1本を薄切りにしてボウルに。砂糖と塩小さじ1ずつ入れて揉み、しばらく放っておく。さっと湯がいたら出来上がり。ほんのり甘くてそれも良い。

「きゅうり、タコ、生ハムの冷たいパスタ」

お昼に部活から帰ってきた娘が「暑い！　冷やし中華食べたい！」と言う。急に言われてもないから、冷製パスタに。これがすごく良かった。夫が「美味しい！これは美味しい！」と食べて、最後に大きくひと巻きして器の中央にのせて「これで1200円」と値付けした。高いのか、安いのか。

[つくり方]（3人分）

きゅうり1本半とニンニク1かけをすりおろし、タコ足1本、生ハム2枚、青ねぎたっぷり、トマト1こは粗みじん切り、ナンプラーと塩で味付け。オリーブオイルはたっぷり、全てをよく混ぜておく。

全てが馴染んで、うま味が爆発。パスタは表記時間より長めに茹でて、氷水でよく冷やし、執念深く水気を切ります。そしてパスタソースによくよくよくあえる。

思ったよりオイルを入れ、思ったよりナンプラーを入れて。辛味は青唐辛子の酢漬けを合わせました。

「蕪の素焼き」

皮をむいた蕪をごろんと大きめに切って、耐熱皿にのせ、オーブンの一番高い温度で10分ほど素焼き。味付けも油もなし。食べる時に甘味噌や、醤油、塩などをみんなご自由に。

「鶏トマトそば」

昨日の疲れかなんとなくだるく、家でゆっくり過ごす。夕方からお散歩。夏の夕暮れだ。白央篤司さんのレシピ「鶏トマトそば」にしようと決める。麺大好きの家族は大よろこび。

鶏ひき肉とセロリの葉、トマト。この材料でなんと美味しいラーメンのお出汁になる。料理って面白いなあ。レシピって発明だ。

休日は、ちょっと鎌倉に

予定がない休日は、鎌倉までドライブに行くことが多い。お気に入りのお店でランチをしたり、買い出しに行くだけ。何か特別なことをするわけではないけれど、ふと鎌倉の空気を吸いたくなるのだ。

母の実家が横須賀のため、子供の頃から鎌倉は身近な場所だった。駅前のお店で祖母と食べたどじょうの柳川《やながわ》鍋、北鎌倉では母と熱々のビーフシチューやタンシチューを半分こしながら食べたっけ。美味しい思い出がある場所には、大人になってもついつい吸い寄せられてしまう。

鎌倉駅の近くに「FOODSTAND magali」という小さなカフェがある。細い路地を入ったところにあり、一見とても分かりにくいのだけど、だからこそのんびりとした雰囲気。最近はお昼ご飯をここで食べるのを楽しみにしている。パンから つくったボリューミーなサンドイッチ、手づくりの腸詰を使ったホットドッグ、カリッと揚げてたっぷりチョコレートがかかっているドーナツ。まったくもう、魅力的なメニューばかりなんだから！と、思って、ガラスケースを見れば繊細な味付けの鎌倉野菜のデリが並び、いつも目移りしてしまう。

ここのサンドイッチの美味しさは、唯一無二である。週替わりの具材の組み合わせはいつも天才的で「どうやって思いつくのだろう」と驚くばかり。食べ進めていくうちにサンドイッチという料理の味の重なり、奥深さにため息が出てしまう。最後の一口まで美味しくて、凄みすら感じられるのだ。店主とお喋りをしたり、シェフの女性にお料理について教えてもらっていると、時間はあっという間に過ぎていく。

ランチの後は周辺のお店で買い物して帰るとちょうど良い。「かかん」で麻婆豆腐の素とお豆腐を、「麩帆」で生麩を買う。「KIBIYAベーカリー」でパンを選び、ついでに材木座の魚屋さんまで車を走らせ新鮮なお刺身を買ったら完璧だ。明日からの忙しい週の始まりを、優雅な気持ちでやり過ごせる。

子供たちもなぜかこの休日のコースが好きで、「鎌倉に行こうよ」とすぐに言う。私にとってはとても都合の良いことなのだけど、不思議なものである。これも血のなせる業なのか、順調に食いしん坊に育っているようである。

[FOODSTAND magali]
神奈川県鎌倉市御成町9-34
7：00-18：00　㊡水
☎0467- 55-9093

[かかん 鎌倉本店]
神奈川県鎌倉市御成町13-12
11：30-14：00 L.O.／17：00-19：30 L.O.
㊡不定休　☎ 0467-22-4772

[かまくら麩帆]
神奈川県鎌倉市長谷1-7-7
10:00-17:00（売り切れ次第終了）
㊡月　☎ 0467-24-2922

[KIBIYAベーカリー 本店]
神奈川県鎌倉市御成町 5 -34
10:00-17:00　㊡水
☎ 0467-22-1862

8月の料理

「誕生日のお寿司」

息子の誕生日。早いというか、なんとまあ！

リクエストのお寿司をみんなでわいわい握って楽しかったが、いざとなったら息子はこんにゃくのおかずばかりを食べてしまい、お寿司はそんなに食べられず。酢飯をつくり、ラップで棒状にして、包丁で切っていく。これでシャリ玉の出来上がり。ネタをのせて軽く握ればお寿司っぽくなります。

「きゅうりはピーラーの冷やし中華」

美容院へ髪を切りに行く。
美容師さんが、私のレシピを見てお寿司をつくってくださったそうで、シャリ玉はキッチンバサミで切ると、とっても簡単だとのこと。すごく良いアイデアです。やってみたい。

夜は暑すぎて、冷やし中華のみ。

［つくり方］
焼き豚はつくり置き。きゅうりの細切りが面倒で、縦に切れ目を入れてピーラーで薄切り。これで割と大丈夫。十分、麺と絡みます。市販のタレを使い、たっぷり辛子を混ぜました。ごまダレがお気に入り。

「モロッコいんげんの天ぷら」

雨がしとしと降っている。暑いよりは、いくぶん体が楽だ。
お昼は冷蔵庫のお野菜を揚げて、天ザル。

［つくり方］
モロッコいんげんのヘタだけを切り落とし、すじも取らず、天ぷら粉を満遍なくまぶす。少しずつ水をかけ、とろっとなったら、１㎝に満たない高さの油で揚げ焼きします。カリッとするまで触らず、裏返し、最後はフライパンを傾け、全てが油に浸かるように。ナスも同じように天ぷら粉をまぶしてから、水を少しずつ足していきます。薄衣に仕上がりますし、油も少なくて済み、衣も余りません。

「カレー炊き込みご飯」

お昼は昨日試作したカレーで炊き込みご飯にする。美味しくて思わずおかわりしちゃいそうになるけど我慢。
夕方、風が強く雲の動きが速くて、ぼうっと見ていた。動く雲と、動かない雲があって、空は同じに見えるけど、高さが違う。宇宙にいるんだなあと思う。

［つくり方］
バスマティライスを炊く際、お米の上に昨日のカレーの残り、

小さく切った鶏肉をのせて。水加減はいつも通り。ピーナッツと青ねぎの小口切りをトッピング。小さなことだけど、これでより美味しい。レモンもね。カレーがない時は、レトルトでも美味しくできる。

「お茶漬けパーティ」

食材や調味料、分量などをテストしながら撮影。

私の料理は簡単なものばかりだなあと改めて思う。

少し時間をかけて1品つくる間に、副菜と汁物をつくるイメージでレシピを考えている。


これはやはり、私が毎日忙しいからだと思う。

それに、同じように世の中の人はみんな忙しい。

毎日つくりやすくて、負担にならないお料理というものが必要だと思う。


難しいのだけど、日々の生活の中にうまく組み込まれているレシピが良い。

そして好きにアレンジ出来るものが良いし、色んなアレンジが楽しめる「隙」だらけのつくり方が好きだ。

余白がある方が、創作の本能が刺激されるのではないかしら、と思う。

今日の夜ご飯は、キャンプではまったお茶漬けパーティ。鮭を焼き、野沢菜、すりおろした生わさび、梅干し、ワカサギのからあげ。ご飯とお茶を置いて、各自好きに食べる。

「トマトとパンチェッタの炊き込みご飯」

昨晩、夫も私も疲れ切って、雪崩れ込むようにお布団に潜ったのだけど、15分ほど経って、娘のお誕生日の飾りつけをしていない！と気づく。えいやと急いで起きて、夜中に1人で、お祝いのメッセージを壁に。よく思い出した、私！

朝起きて、娘に「おめでとう！」とお祝い。よくぞここまで育ってくれた。今日も元気いっぱいで太陽のような笑顔。かわいい。

娘が1歳半の時に、私は重度の貧血でしばらく寝たきりになってしまい、果たしていつまで娘の成長を見届けられるのだろうか、と頭がぐるぐるしながら毎日メソメソしていた。
それがもうこんなに大きくなって！　私も元気になって！　人生最高だと思う。なんだって良いから、子供たちには幸せだなあと思って生きていってほしい。

［つくり方］
炊飯器に米２合、パンチェッタ30ｇ、ニンニク小４かけ、塩小さじ⅔、醤油ひとまわし、酒大さじ１、トマト（中）丸々１こを入れていつもの水加減で炊く。炊き上がったら、ひと混ぜして蒸らす。

「おもちにパルメザンチーズとお塩」

朝起きると、寒い。小雨が降っている。クーラーもなしで過ごせるほど。もう秋の気配なのかしら。今日は家から一歩も出ないと決めた。洗面所で手を洗うたびに、自分のすっぴんの顔にギョッとするので、お化粧はした。

夫の実家でついて冷凍しておいたおもちを、解凍し焼いてパルメザンチーズと塩をかけて食べた。時々味噌をつけても美味しい。

「余っていたカレーのスープ」

中途半端に二口ほど残っていたカレーの冷凍を発見。鶏もも肉ぶつ切りと、水、皮をむいたナスを大きめに切って煮込む。モロッコいんげんをどのタイミングで入れようかと迷ったけど、結局一緒にコトコトと煮込む。最後に塩と梅酢を入れたら、アジアのどこかのお料理のようなたたずまいに。

「冷凍マグロと5品のおかず」

デパ地下で冷凍マグロのサクを試供品として配っていた。ちょっと驚きました。

［献立］

冷凍鰹のたたき（マグロに合わせて急遽解凍）・いんげんの塩茹で（茹で上がりはうっすら塩が吹いているくらいの塩水の量で。おつまみ感が出てそれだけで美味しい）・マグロ・わかめ・夏野菜と豚肉のココナッツミルク炒め（フライパンに米油とマスタードシード、ニンニクを入れてパチパチ音が鳴るまで熱する。豚肉、夏野菜、ココナッツミルク、トマトを入れて炒める）・モロヘイヤとなめたけのお味噌汁・瓜のお漬物

「しらすご飯」

朝からひたすら仕事。ユーチューブ用に動画も撮影する。
進めては少し休み、進めては休み。なかなか集中出来ない。

夫が撮影したきゅうり。すごくフォトジェニック。

少し遠くまで車で出かけて買い物。気がついたら助手席で熟睡していた。
好きなパン屋さんに行って、お刺身も買って、夜ご飯の相談をしながら、帰り道も
車で眠る。
至福。
色々と食材を買えたので、夜ご飯をつくるのも楽しかった。
しらすに卵の黄身をのせたら、夫に「すごい!」と言われる。豪華でしょ。

[つくり方]
炊きたてのご飯に、釜揚げのふわふわのしらす、卵黄、醤油。
途中から青じその千切りを混ぜたり、わさびを入れたり。濃厚。

「ニンジントマト」

腰が限界だったので矯正に行くも、いつも担当してくれる女性はお休み。代わりに男性の方だったのだけど、たくさん故郷の中国料理を教えてくれた。

レシピの説明で「肉にそのタレを揉み込んで…」と言う時には、私の背中のお肉をもんぎゅもんぎゅと摑むし、「青ねぎを細かく切って…」と言う時は手包丁で背中をトントンと刻む。自分はクミンとラムの組み合わせはあんまり好きじゃない、理想の泡菜は松屋の紅生姜に似ているっていうエピソードも印象深かった。

施術が終わった後、あんなに料理の話で盛り上がったのに、もう素知らぬ顔をして機械的に「ありがとうございました」と見送られるのも、たまらなくグっと来ました。

［つくり方］

角切りしたトマトと細切りにしたニンジンを塩のみで、ノンオイルでやさしく炒める。弱めの中火でじくじくとお互いの水分を出しながら、それで火を通すイメージで。トマトの形がすっかりなくなって、ニンジンがしなっとしたら器に。ニンジンだけに見えるのにトマトのうま味がすごく、シャクシャク美味しい。

「コンビーフのポテサラ」

少し涼しかった頃、コンビーフをつくるのにはまっていた。2kgくらいの牛ブロックに塩やスパイスを擦り込み、赤ワインに何日か漬け込んで茹でる。それだけで立派な味になる。お手頃な輸入肉でつくって細かくほぐし、焼き付けた和牛の脂を混ぜ、コクと香りをつけるのが秘訣。お肉を茹でた汁はビーフコンソメスープにもなるし、つくるのも楽しいのだ。

今日！　そのコンビーフの最後の1こが冷凍庫から発掘されました！　貴重なコンビーフを使ったポテサラ。

皮が付いたまま8等分に切ったジャガイモを柔らかくなるまで茹でて、皮をむく。酢漬けのケッパー、少量のマヨネーズ、粒マスタード、ほぐしたコンビーフを混ぜて、塩で調整。スペシャルに美味しい。

「ナスといちじく、さしす梅のマリネ」

朝比奈あすかさんの『少女は花の肌をむく』を読む。少女時代、女性への入り口に立つ年代、ああこういう気持ちになることって多かれ少なかれあると思い、胸が痛くなった。もう自分は色々と終わっているけれど、娘がこれからそれを感じながら生きていくと思うと少し辛い。葛藤を感じず生きていたら、それはそれで怖いけれども。

［つくり方］
電子レンジで蒸したナス、皮もむかず薄めのくし切りにしたいちじくを、砂糖、塩、バルサミコ酢で漬けておいた梅干しの梅酢であえました。

「ラムスペアリブと山椒のカレー」

夜、ご飯を食べ終わってから、今日は何もしなかったね、と話す。正確には、レシピをつくって、撮影もしたし、カレーもつくったのだけど、なぜだか空白の気分。

仕事のために午前中に急いでスーパーで買い物をしてる時から、夫が「お肉売り場

のラムのスペアリブがすごかった」と言っていて、夕方を過ぎても「お肉売り場のラムのスペアリブがすごかった」と何度も言うので、買ってきてラムのスペアリブのカレーにした。

塩をまぶしたラム肉をフライパンで焼き付け、パプリカパウダー、コリアンダーパウダー、ターメリックを絡め、鍋でトマトジュースと水で煮る。空いたフライパンで、ニンニク、生姜、玉ねぎをよくよく炒め、ザク切りにした生のトマトを2こ入れて、煮詰める。それをスペアリブの鍋に入れて、カルダモン、クローブ、シナモン、クミン、ブラックペッパーを加えて煮込む。最後に塩と山椒。たしかにラムのスペアリブは美味しい。

「好物の奈良漬け冷奴」

ご近所にお買い物。自転車でぐるぐる。なんとなく秋の気配を感じる。

お魚屋さんで、おじさんが元気ないから「大丈夫ですか？　暑いものね……」ってお話ししたら「まだ90歳にならないから頑張んないとね、みんなやめちゃダメだって言うんだよー」っておっしゃる。「…おじさん…もう80代だったのね……」と静かに心の中で驚きました。私もやめないで！と言いたいけど、言いたいけど、言いにくい。

お肉屋さんのお母さんの気まぐれお惣菜を買う。これは何だろうと思ったら、ひき肉とオクラのつみれにニンニクを効かせて椎茸に詰めて天ぷらの衣で揚げて、甘辛い汁であえてあった。お家の味のおすそ分け感が本当に大好き。

［つくり方］
水切りをしたクリーミーな絹豆腐に、刻んだ奈良漬けをのせるだけ。最高。

「さつまいもサルシッチャ」

今日はずっと仕事をしていた。終わったら、夕方。子供たちを迎えに行き、試作。だけども、うーん、あともう一歩といった出来。ここ何日かずっと悩んでいる。「普通に美味しい」ではなく、すごく美味しくあってほしいし、なぜこの素材と組み合わせたかという「ベストの必然性」に欠ける。うーん、とても美味しいのだけど……。

というわけで、家族で取り合いになったし、子供たちは喧嘩になるほどではあったけど、ボツにすることにします。悲しいから、ここに記録。

［つくり方］
ボウルに豚ひき肉400g、セージ、塩、ニンニク1かけすり

おろし、溶き卵1この半分、片栗粉を入れて混ぜ、肉だねをつくる。別のボウルにさつまいもの細切り、溶き卵1この半分、片栗粉を入れる。バター、オリーブオイルを多めにひいたフライパンの上で、さつまいもの細切りを丸く形づくり、サルシッチャの肉だねをのせ、押し付けて、両面焼く。サクサクして、甘くてしょっぱくてジューシー。

「ミニトマトと鶏肉のラーメン風スープ」

家事をしながら、大きな声で歌を歌う。なんとなく明るい気分になる。Zoomで打ち合わせが2件。たとえ仕事であっても穏やかなお喋りで心が癒される。

［材料］
ミニトマト　150g
鶏もも肉　150g（小1枚）
白ねぎ　1本
生姜　1かけ
醤油　大さじ1と½
塩　小さじ½弱
日本酒　大さじ3

水　600㎖
ごま油　適量
サラダ油　大さじ2

［つくり方］
深めのフライパンにサラダ油をひき、斜めに薄切りにした白ねぎを、焦がすように炒める。半分に切ったミニトマトを入れ、さらに焦がすように炒める。皮目を下にしてブツ切りにした鶏もも肉を入れる。鶏もも肉に向かって塩をする。醤油を入れて炒め合わせる。そこに日本酒、生姜を入れ沸騰させ、水を入れ、20分ほど煮込んでいく。最後にごま油をひと回し垂らす。
少し味が濃いめなのでうどんやラーメンを入れるのがおすすめです。

「スルメイカとジャガイモの炒め物」

息子のサッカーのお迎えに行くと、ちょうどゲームをしていた。

コーチ2人対子供3人。コーチがコーンを4本倒すか、子供がゴールを決めるか、の戦い。

息子は1人、一切ボールを蹴らず、コーンが倒されないように、ずっと手と足で押

さえていた。ゴールも決まらない、コーンも倒れない、引き分け。「たのしかったー!」と満足気で良いのだけど、本当になんというか、すみませんって思っています。

[つくり方]
ジャガイモ2こを多めのオリーブオイルで蒸し焼きに。カリッとしたら端に寄せ、塩をしておいたスルメイカの肝を入れてよく煎る。ニンニクのすりおろし、白ワインを入れ、ジャガイモとよく炒め合わせ、塩をしたら、ゲソとエンペラを入れすぐに火を止め、余熱で火を通す。

「生湯葉と甘海老」

どうしようもなく暑い。こんな日にプールに連れていかなくてはいけないなんて。アスファルトの照り返しがすごく、蒸している。

帰り道、「あ、これは熱中症だ」と気づく。買い物をする予定だったスーパーに寄って急いでスポーツドリンクを買い、外に出て少しずつ口に含んだ。痺れていた指先がじわじわと感覚を取り戻していき、ぼんやりとした視界がクリアになっていく。家に帰り、冷たいシャワーを首すじと脇に当て、熱を取る。夏は難儀だ。

［つくり方］
甘海老の殻を取って白醤油で味付け。生湯葉の上にのせて、青ねぎを散らす。わさびを効かせて食べたかったのだけど、娘があらかた食べてしまい、私は1尾食べただけでした。

「ほやときゅうりのポン酢漬け」

暑くてたまらない。

午前中からずっと仕事をして、息子をプールに連れていき、図書館に資料を借りに行く。暑すぎて、自分が何をしなくてはいけないのか、一瞬分からなくなる。

昨日はサウナのように暑く蒸したプールサイドで着替えを手伝わなくてはいけなくて、とどめを刺されてしまった。

今日は息子に「お母さん、ちょっと危険な感じがするから、1人で着替えて出てきてくれる？」とお願いしたら、普通にこなせた。成長。

［つくり方］
ほやは、魚屋さんにむいてもらう。適当な大きさに切り、塩揉みしたきゅうりとたっぷりのポン酢に5分ほど漬けておく。ほや大好き。後味が甘くて不思議。

「ホタルイカのパスタ」

息子のプールの後、車で少し遠くのパン屋さんへ向かう。空の色が綺麗だねと、雲の移り変わりを眺めていると、どんどん気持ちが日々の夕スクから遠くなる。景色を眺めながら美味しいパンを買いに行くなんて、幸福な身分だ。

［つくり方］
冷凍のホタルイカを発掘した。
ニンニクのみじん切りをオリーブオイルで炒め、目を取ったホタルイカ、トマトピューレを入れて軽く煮込む。あとは茹でたパスタをあえるだけ。唐辛子やオレガノを効かせても美味しい。

「ジャンボ落花生の試作」

都農町《つのちょう》のオンラインレッスンがあるので、ジャンボ落花生の試作。

これは美味しいのが出来ました！　嬉しい！　すごく美味しくて冷蔵庫を開けるたびに食べちゃう！

［材料］（2〜3人分）
殻付き生落花生　300g（量っておく）
砂糖　大さじ3〜4
塩　小さじ½
八角　3かけ（あればお好みで）
シナモン　1本（あればお好みで）
醤油　大さじ½
水　500㎖

［つくり方］
落花生の殻をむく。鍋にお湯（分量外）を沸かし、落花生を茹でる。沸騰したら一度お湯を捨て、500㎖の水と八角、シナモンを入れて蓋をし、弱火〜中火で煮る。15分ほど経ったら砂糖、醤油を入れて、10分ほど煮れば出来上がり。
味見をして甘味を調節してください。煮れば煮るほど柔らかくなります。茹で汁ごと、冷蔵庫で1週間保存可能です。

海辺のすてきなレストラン

「海の見える景色の良いところで、ご飯でも食べようか」

まだ結婚したての頃、私の誕生日や記念日が近づいてくると、夫は決まってこう言った。そのたびに、私は心の中で「夫は、どこのお店に連れていく気なのかしら……」とハラハラしていたものだ。

海辺のレストランだなんて、普段はなかなか行くこともないので、まずお店を探すところから始めなくてはいけない。それに、景色は良くったって、美味しいかどうかは分からないし、一番の難点は、この頃はまだ娘も小さく、じっと座っていられるか不安だったのだ。海辺のすてきなレストランでの食事を夢見ながらも、結局いつも誕生日も記念日も「うーん家で良いよ。そっちの方が気楽だしね」と過ぎていったのである。

しかし、娘が幼稚園に入園した年に、「もう大丈夫かも」と、ずっと気になっていたお店に行ってみることにした。それが七里ヶ浜にある「シチリアーナ」だ。

お店に入ると、窓からの景色はまさに一面の青い海。白を基調とした店内では、光がたっぷりと差し、地元の家族や、若い恋人たちがくつろいで食事をしていた。店内にはニンニクの香ばしいにおいがする。ここならきっと良い時間が過ごせるに違いない。

最初に行った時に頼んだのは「生ハム」「トリッパのトマト煮込み」「レンズ豆のサラダ」だった。イタリア料理店のベーシックなメニュー。だけれども、運ばれた一皿一皿は何かが違う。きらきらと輝いて見えた。「いただきます」と、そうっと口に運ぶ。夫と顔を見合わせて、思わずうふふと笑みがこぼれた。ああやっと、私たちは「海辺のレストラン」を見つけたのだ。

特に夢中になったのは「レンズ豆」。黄金色のオリーブオイルと甘酸っぱいバルサミコ酢に浸った豆はちょうど良い茹で加減。プツンと嚙み心地が良く、咀嚼しているとオイルの苦味やほんの少しの辛味が口に広がっていく。レンズ豆なのに、なんとも色気のある味なのだ。付け合わせには生の大根を使っていて、このフレッシュ感もまた憎い。レンズ豆と大根がこんなに相性が良いだなんて、シチリアーナに来なければ気がつくこともなかっただろう。

海のそばの立地だけあって、その日取れた魚介のメニューはいつも新鮮で、ぴかぴかの鎌倉野菜もその時に一番合った食べ方で出してくれる。

今まで頼んだ料理は、全て100点満点に美味しいから、行くたびに食べたいものが無限に増え続けてしまう。どうしよう、なに頼む？　メニューを見ながら家族で一悶着する。この時間がまた楽しいものだ。

お店の大きな窓ごしに、夕焼けに染まる海と空を眺めながら、私はいつもジントニックをすする。お腹がはち切れそうになった頃には、このお店に出会った幸運に、すっかり酔ってしまうのだった。

［シチリアーナ］
神奈川県鎌倉市七里ガ浜1-3-12
12:00-15:00／18:00-22:00　㈬水・木
☎0467-81-4880

9月の料理

「豆乳冷麺風スープ」

今日から娘も学校。9月に入った瞬間びっくりするほど涼しい。涼しいので幼稚園のお迎えも歩きで。なんだか気温差のせいか、体がだるい。こんな時に限って夫は帰りが遅く、仕方がないなあ、面倒くさいよおと言いながらご飯をつくりました。でも、美味しい。


お昼のスープ。火照った体に染みる。綺麗な味。

きゅうりの水漬け、トマト、豆乳、鶏むね肉のソテーと煮凝りの冷麺風。

いつもこのきゅうりの水漬けのスープでお素麺にしているけど（P80参照）、パンとも合いました。

「トマトのねぎ味噌あえ、パルメザンチーズ」

息子の体操教室の体験に行く。うっすらと予想していたけど、やらない。

私と目が合うとトコトコと近寄ってきて「ひざがいたい気がする」と言う。「そっか痛い気がするのね？」と応えるとコクンとうなずき、ぎゅっと抱きつき戻っていく。しかし、ずっと周りの様子をちらちら見て憮然としたまま。

私と目が合うとまたやってきて「肌がざらざらしてきた」と言う。「そっか…ざらざらするのね…寒い？」と聞くと、首を横に振ってぎゅっと抱きつき、また戻っていく。見守るしかない。

終わる頃にはやっと馴染んで「たのしかったー！　またきたいねえ」とホクホクの笑顔。やれやれ。息子も安心しただろうけど、私もホッとした。


夫が白ねぎの青いところをみじん切りにしてごま油で味噌と炒めてつくっている「ねぎ味噌」。青いところが出るたびにつくるから冷蔵庫にたくさんあって、トマトにかけてみた。味噌と合うパルメザンチーズをかけたら、ちょっと珍味風で良かった。

「あまりおすすめしないビーツの春巻き」

夜中の1時まで仕事して、なんとなく目が冴えてしまいやっと眠りについた2時頃、息子が「おとうさーん」と夜泣き。夫は夫でまだ仕事。おいでおいでと私の布団に入れるも、私の方はもうすっかり眠れない。目がチカチカしちゃう。しばらくして新聞屋さんのバイクの音が聞こえ、絶望的な気分に。5時頃「おとうさんとねたかったー!!」と息子、泣きながら起きる。仕方がないから、リビングでテレビでも見せて気分転換させようとしたら、娘がもう起きていてソファに寝転んでコナンを読んでいた。朝の5時に。

［つくり方］
ビーツ小1こ、ブルーチーズちょっぴり、バナナ1本、春菊の葉ひとつかみをよく混ぜて春巻きに。私にはすごく美味しかったのですが、子供には向かない春巻き。大人は、この半量くらいで、おつまみにしてお酒と一緒に。ほぼ油がない状態で揚げ焼き。見た目は悪いですが、ちゃんとカリカリ。

「紅棉《こうめん》の中華菓子」

中華街に寄って「紅棉」でココナッツの焼き菓子と、マーラーカオ、杏仁豆腐を買う。中華菓子が無性に食べたかったから大満足。ここのお店の甘味はお疲れの体にぴっ

たり。香りもとても良い。

「ぶどうパン」

買い出しや試作、撮影を終えて、銭湯に。その前に稲城市へ「高尾ぶどう」を買いに行く。今年すっかりはまってしまったから、冷蔵庫からなくなるとそわそわしてしまう。

少し酸味のあるバゲットをカリッと焼いて、半分に切ったぶどうをのせるだけ。これだけなのに、すごく美味しい。訝しがっていた家族も食べてみたら「美味しい！」と大よろこび。パンは「ＫＩＢＩＹＡベーカリー」、ぶどうはもちろん高尾ぶどうです。皮ごと食べられるものでお試しを。

「白いミートローフ」

明日の仕事に緊張している。

買い忘れがないか何度もチェック。眠れない。でも早く布団に入ったから、時間に換算したらいつもより睡眠は十分なはずなのだ。寝て起きて仕事したら、終わる。やれば終わる。

［つくり方］
白いのは、鶏肉と豚肉のあいびきのため。これを７００g。塩小さじ1、タイム、ナツメグ、ニンニク、卵1こ、生玉ねぎ（すりおろし）、皮をむいて角切りにしたナス。以上全てを焼き型の中で混ぜて、そのまま２００度のオーブンで30分焼く。取り合いになるから、大人エリアには子供が苦手なブルーチーズをのせました。

「むね肉と大葉の天ぷら」

「きょう、ようちえんのかえりに、こうえんいくから」

きっぱりと宣言していたぞ、と息子を幼稚園に送っていった夫に言われる。

こんなにお天気も不安定なのに……と思いつつ、なんとか己を奮い立たせる。日焼けと蚊、マスクの蒸れ、砂、泥だらけの服、負けてはいけない。

お昼はうどん。鶏むね肉のソテーは指で大きくちぎる。片栗粉と米粉を混ぜた粉をまぶして揚げ焼き。大葉も同様に。大葉なんてサクサクすぎて食べてないみたいだった。おかしな感想だけど。本当に。サクサクほろほろ。夢みたいな。

「カリカリオクラ」

外出ついでにスニーカーを買う。
帰って服を夫に見せたら「ここがかわいいね」と私がかわいいと思った部分を言った。

［つくり方］
半割りしたオクラの種の部分に米粉をはたき、種の面から多めのオリーブオイルでじっくり両面焼きます。食べる前に塩を振ってレモンで。

「赤いポタージュ」

「買って帰ろうか?」の夫の電話に、つくっていたご飯を全て放り出してケンタッキーに合うものに変更!

いつかのバスマティライスの炊き込みご飯を解凍して、コールスローをたっぷり。

［つくり方］

オリーブオイルで玉ねぎ1こ、ニンジン1本半、ミニトマト10こをよく炒め、皮をむいたビーツ大½この薄切り、ジャガイモ1この薄切りも入れて炒めたら、塩、少しの水を入れて蒸し煮。ブレンダーで潰し、トマトジュースと牛乳、水で伸ばす。

「新しい器をおろす」

古谷製陶所さんの長皿を使いたくて、冷凍さんまを買う。今日は西山光太さんのグリル皿もおろしました。

さつまいもの蜜煮をバターでカリッと焼いて。

［献立］

・さつまいもの蜜煮・鶏むね肉ソテーの雑炊・コールスロー・トマト味の洋風おから・

「鰆の春雨蒸し」

さんまの塩焼き

息子をサッカーに送り届けた後、なんだか嫌な予感がして急いで家に帰ったら、娘が家の前で立ち往生していた。夏休み明けで、鍵を持っていなかった。以前も娘が2階によじ登って窓から侵入しようとしていたので、今日は間一髪。

［つくり方］
ニンニク3かけをみじん切りにし、ごま油とサラダ油半々で炒め、しめじ1パックを割いて入れる。戻した春雨を加えて炒め、醬油を大さじ1、紹興酒大さじ1、水気が飛ぶまで炒める。塩を振って水気を拭いた鰆をのせ、水をフライパンの高さ1㎝ほどまで入れて、蓋をする。鰆がふっくらしたら先に皿によそい、水気が飛ぶまで春雨を炒め、青ねぎの小口切りを混ぜて鰆にのせる。

「ビリヤニ」

シェフレピさんで、「エリックサウス」のイナダシュンスケさんが監修されたビリヤニ。届いて、開けた瞬間に、わあ！と驚き！　スパイスも全部計量されている！　夫に「これならあなたもつくれそう！」と言ったら、「出来るかも」と夫が挑戦。感動的な美味しさでした。計量が親切！　レシピの丁寧さ、動画のインタビューもあわせて、1回頼んだらずっと楽しめます。難しいことはほとんどなく、最後の鶏の火の通りが心配なだけで、ル・クルーゼ18cmで大成功。少し焦げるかなあ…という心配も杞憂に終わりました。自分の誕生日にまた頼んで夫につくってほしいです。

「牛すねと豆苗のスープ」

今日はスープ作家の有賀薫さんのアシスタント業務。何も悩まずに手を動かして、気分転換のお料理が出来て楽しかった。有賀さんのお料理のアイデアはいつも面白くて圧倒される。私の悩みや話もやさしく聞いてくださって、私は有賀さんに出会えて本当に幸運だと思いました。

帰りに「ディーン&デルーカ」で栗とピスタチオのバゲットを買う。これが絶品で、食べたら思わず、ふうと声が漏れた。

月を撮影しに行きたいんだよ、と夫が言うので夕食後に夜のドライブ。月が綺麗だからと、家族を連れ出す夫は良い人だと思う。

［つくり方］
牛すね肉を1回茹でこぼして、もう一度ひたひたになるまで水を入れてコトコト弱火で煮る。皮をむいたジャガイモを入れ、そこから20分煮て、最後に豆苗をばさっと入れる。味付けは最後に塩。胃に染み渡るやさしい美味しさ。牛すね肉のこっくりとした味に豆苗の青さが合うのだ。

「切り干し大根のごま酢」

「そのでこ」という赤い切り干し大根を戻し、戻し汁ごと煮ていく。柔らかくなって水気が飛んだら、練りごま、醤油、黒酢で味付け。これは名作。

「柿の白あえ」

お豆腐屋さんで白あえを買おうと思ったら売り切れ。もう白あえが食べたくて食べたくて仕方がないのでつくることに。

［つくり方］
こんにゃくとしめじをめんつゆと白醤油で汁気がなくなるまで煮付けて冷ます。厚揚げ豆腐をぎゅっと絞り、細切り。厚揚げの皮も豆腐部分も一緒にすり潰す。冷めた具材を入れ、練りごま小さじ1ほどとあえて、柿1このくし切りにかける。味が足りなかったら白醤油。

「鮭の白子」

やっと今年最後の梅干しを全部干し終えた。残暑の厳しい日差しも、梅のためにはありがたい。息子が端から食べていく。

スーパーで鮭の白子が出始めた。

血管のところに爪楊枝を刺して血抜き。塩を振って臭みを取り、湯をかける。その後、魚焼きグリルで皮がぱりっとするまで焼く。子供たちはあまり好きじゃなかった。仕方がない。

「わが家のお好み焼き」

久しぶりに家族でショッピングモールに出かけた。

夫が高速を降りる場所を間違え、私がグーグルマップで検索し、とんでもない道を走ることになってしまい、車がガリガリガリと音を立てる（もはやバックも不可能だった。すごい道だった本当に……）。

こんな道案内してごめんねと謝ると、夫は「大丈夫、大丈夫！　今日、俺ヤフー星座占いで53点だったから、この程度で済んで良かった！」とポジティブに慰めてくれた。

夜はダニー・ボイルの『イエスタデイ』を見ました。映画をゆっくり見られたのも久しぶり。疲れた体にも頭にも、ちょうど良い。

キャベツが野菜室で在庫過多になっている時はお好み焼き。丸々1こを粗みじん切り。山芋のとろろ（冷凍でも良い）、卵、鰹粉、干し海老、塩を入れてよーく混ぜる。キャベツの水分でふわふわになるから、それをまとめるために少しだけ小麦粉を入れる。キャベツにたねがまとわりつくくらい。ホットプレートで小さめに焼いていくのもポイントです。裏返しやすいし、あとも う少し食べたいという気持ちにちょうど良いから。お肉は豚こまを使いました。最後は目玉焼きをのせて〆るのも好き。

「1人のステーキ」

信じられないくらい暑い。家族はお墓参りに千葉へ。

私は1人残り、明日の撮影のための仕込み。

午前中から、予約していた食材を引き取りに行ったり、買い出しに各所へ。誰とも話せないし、材料の漏れがないか、そもそも私は大丈夫なのか、とナーバスになり、不安で頭がクラクラする。大丈夫、なんとかなる、やったら終わる。気合いを入れようとステーキを焼いて1人で食べていたら、家族が帰ってきて、「良いなあ！」と大騒ぎ。ごめんね、1人で美味しいもの食べて。

［献立］
・ステーキ 豆苗としめじ添え・お土産の茹で落花生・切り干し大根のレンチントマトスープ・お赤飯

「トマトの梅スパイス」

幼稚園での息子のお誕生日会に出席。

お母さんにインタビューのコーナーがあり、「どんな大人になってほしいですか？」という先生の質問に、みんなの前で発表しなくてはいけない。息子が小声で「しっかりした人？　やさしい人？」と聞いてきたのがいじらしくて、「このまま真っ直ぐ成長してほしいです」と答える。

しかしその後、あれは答えにもなってなかったなあと思う。どんな大人かあ。自分がどんな大人かも分からないから、とにかく健康で、毎日笑うことがあれば、母としてはほっとする。

［つくり方］
梅のスパイス砂糖漬けは完熟梅の種を取り、果肉とシナモンやカルダモンホール、砂糖と漬けて冷蔵庫に保存。今日はそれをトマトにかけて。本当は梅ピュレの方が合うけど、これもなかなか美味しい。

あなたと月を見たいから

その日は突然訪れた。政府の発出した緊急事態宣言の下、不要不急の外出を控えるようにとのお達しが日本全国に出されたのだ。私たちの日常は急速に変わっていった。行事もお祭りも軒並み中止となり、気軽に人と集まることも難しくなり、誰とも会えなくなってしまった。

渥美まいこさん、「ＢＡＲ ＢＯＳＳＡ」の林さんらと、「お月見」を今の暮らしに合わせて楽しもうという取り組み「ＯＴＳＵＫＩＭＩ．」を始めたのはその頃である。離れた場所にいても夜空を見上げれば、光り輝く月の光を同じように浴びることが出来る。同じ月を見て「美しいね」という気持ちを共有する。これは今だからこそ必要な文化ではないかと確信した。

中秋の名月、「十五夜」は元々農作物の豊作を感謝してお供えをするという行事であった。この日の満月は、芋の収穫を祝うため「芋名月」とも呼ばれている。私は「お月見団子」はまんまるの

お月様に見立ててつくられていると思っていたが、この季節の新物である「里芋」に似せているという説もあるそうだ。

では、「お月見」は、今の暮らしの中でどうやって楽しめば良いのだろうか。「十五夜」の日は、お月見団子を食べ、すすきを飾る。今まで「十五夜」に何か特別なことをするといっても、このくらいの認識だ。華やかなイベント的要素が少なく、お月見団子も平日の忙しいスケジュールの中でいつ食べて良いのか、タイミングが少々摑みにくい。

そこで思いついたのが「丸い食べ物を食べる」ということだ。さつまいもの輪切りを甘く煮たり、それこそ里芋を蒸すだけでも良い。これなら夜ご飯のおかずにもしっくり馴染むだろう。

私のいち押しは、お団子に見立てたおにぎり。ピンポン球サイズの塩むすびをつくり、並べるとまるでお月見団子のよう。子供たちとラップでくるくるとねじってつくるのも楽しく、ほんのり塩味をつけるのが美味しくなるコツだ。米1合に対し、塩小さじ1弱を入れて炊いたご飯を使うと簡単である。何も難しいことなどしなくても良い。これだけで、きっといつもよりちょっぴり特別な夜になるだろう。

そばにいなくても美しいひとつの月を眺める。たとえば、子供たちがいつか巣立った時。夜空を見上げれば、遠く離れた場所でも大人になった彼らと、「お月見」を一緒に楽しめるかもしれない。

10月の料理

「バターナッツかぼちゃの塩バターロースト」

最近息子が回転寿司の絵本を熱心に読んでいる。そんな理由でお昼ご飯に、いつも混んでいる回転寿司にダメ元で行く。意外とすぐに入れた。今日は台風の予報。長居は禁物、風がビュンビュン吹くからさっと食べて早く帰ろう。息子はお子様ランチを頼んでしまって、回るお寿司を全然取れなかった。

［つくり方］

バターナッツかぼちゃ1こ（400g程度）を皮ごと半分に切り耐熱皿にのせて、塩小さじ¼弱、オリーブオイル小さじ2をかけます。予熱なし220度のオーブンで50分焼いたら、くぼみのところにバターのかけらを落とします。

じゅわじゅわ溶けたバターがかぼちゃにすっかり染み込んでい

くのが、いつも面白くて眺めてしまう。

「伸びーるポテト」

息子の運動会。子供たちの頑張りが見れました。ダンスもちゃんと踊っていた。かけっこでフライングしていて、夫と「意外と勝ちたいって気持ち、あるんだね」と話す。

［つくり方］
茹でたジャガイモ5こと、里芋小4こをブレンダー（ミキサーでも）で潰して牛乳で好みの粘度に伸ばしながら、塩で味付け。ぐるぐるとよーく混ぜたら、チーズも使わずへルシーアリゴ。

「はらこ飯！」

息子が運動会の代休だったので、「日本美術の裏の裏」展を見にサントリー美術館へ。ゆっくり過ごして、その後、とらやさんであんみつをシェア。優雅な休日。

鮭を薄口醬油とみりんで煮ておいたので、その煮汁を使い炊き込みご飯。多少味がぼんやりしていても、しっかり塩気が効いているいくらと鮭を一緒に食べると至福。

幸せってこのことです。

「生麩とナスの焼き浸し」

娘のお友達のお母さんと立ち話。立ち話って良いなって思う。

約束したわけではなく、たまたま会えたから近況やお互いの頑張りを話し、讃えて、すっと別れる。

その一瞬で気持ちが軽くなる。

［材料］
生麩　1本
ナス　大2本
オリーブオイル　大さじ1
酒　小さじ1
醬油　大さじ1と½

みりん　大さじ½
すだち　½こ

［つくり方］
生麩を1㎝の厚さに切る。ナスは大きめの乱切りにして水に浸けアク抜きする。ナスの水気を拭き、フライパンに皮を下にして入れてオリーブオイルをかけ、生麩も並べ、中火で焼く。皮目がつやっとしたら裏返して2～3分焼き、醤油とみりん、酒を入れる。沸騰したら煮汁をナスに絡めるように弱火で1～2分煮る。最後にすだちを搾って。

「エリンギバターソテーと塩辛」

午前中のうちに色んなことに目処をつけたいと思っていたけど、間に合わず。息子が午前保育だったため、迎えに行き、売り切れる前にパン屋さんでパンを確保してから公園に遊びに行く。

息子の習い事の間に秋冬物のパジャマを見に行くも、なかなか見つからず。帰りには雨に降られる。雨を楽しめる時は、心にも状況にも余裕がある時。今日は、ダメでした。

［つくり方］
バターをフライパンに溶かし、乱切りにしたエリンギをさっと炒め塩辛をのせる。青じそのみじん切りとか、ニンニクとかを入れたらもっと良かったかも。

「豚肩ロースのトマト煮込み×パスタ、リコッタチーズ」

夜、仕事していたら地震。震度5強。急いで食器棚を押さえる。「大丈夫!?」と2階にいた夫が降りてきた。今回、地鳴りが聞こえなかった。阪神大震災の記憶だと揺れの途中で、もっと立てなくなるくらい世界がひっくり返るから、これは大丈夫、と冷静だった。でも、なんともいえない嫌な気持ち。ずっともぞもぞする。ああやだやだ。

［つくり方］
豚肩ロースをひと口大に切って塩を振り、オリーブオイルで両面焼く。ニンニクのすりおろし、マッシュルームのスライス、トマトピューレ、オレガノを入れ30分ほど煮込む。冷凍していた手打ちパスタの上にのせて。リコッタチーズが合いました。大人は唐辛子を効かせるのが良いかも。

「牛出汁でお豆腐のスープ」

夫がしばらく出張。家を朝5時に出るというので、寝ている間に行ってしまうなあと思ったけど、意外と起きられた。子供たちはきっちり4時台に起きて見送っていました。さすが！

急に寒くて、冷たい雨に驚く。

［つくり方］

安い時に買っておいた牛すね肉を解凍。一度茹でこぼし、白ねぎの青いところと一緒にゆっくり弱火で煮る。スープだけを取り出し、白ねぎの斜め切り、豆腐を煮込んで出来上がり。味付けは塩。胡椒をたっぷりかけたり、ちょろっとポン酢を入れても良い。

「ブリのサラダあえ」

子供たちは私の実家にお泊まり。夫は出張。1人の週末。本を読んだり、少し仕事をしたり、雨の中を歩いたり。

自分のことだけだと、時間はたっぷり。何か有効利用できそうだなあと思いながら、だらだらごろごろ。

成城石井にある切り干しのソムタムとブリの刺身を醤油であえたら、ミラクルが起きました。ブリはやっぱり酢を効かせるのが良いみたい。

「オクラとろろ」

生のオクラをみじん切りにして、電子レンジ６００Ｗで１分チンするだけ。茹でてから切るより楽。醤油、鰹節を混ぜて、ご飯にかけると美味しい。

「運動会」

土曜日の雨で延期になった、娘の運動会。
「ここからだとバッチリ見える！」とスタンバイしていたら、真逆の方向に娘が走っていく。クラスを全く間違えていた！

「待って〜！」と校庭をほぼ1周ダッシュで走り、汗だく！　来られなかった夫のために必死でビデオを回すも汗で眼鏡がずれずれで、ずっと「あの子かなあー？」と思いながら観覧。ダンスパートになって、キレの良い踊りを見てやっぱりわが子と確信。ホッとしたのも束の間、すぐに終わりました。

「永遠に終わらない話」

娘の具合が悪いと学校から呼び出し。急いで迎えに行って、体が冷えているようなので、お風呂に入ってもらって、その間に洗濯。食欲もないと言うので、不安になる。

少し寝ていたら元気になったので、ひと安心。お留守番してもらい、息子をお迎え。

「お姉ちゃんが好きなおやつを買おう！」と言ったくせに、結局は自分の好きなお菓子を買う弟。

野菜のポタージュを平らげ、夜はピザを所望したので元気を取り戻したようだ。

いつもの永遠に終わらない話（私がお風呂に入っているとお風呂場まで話しに来る、ドアまで開ける）、「面白いことがあってね！」とハードルを自ら上げて、話し出す前に自分が笑ってしまう。陽気な鼻歌、娘がいつもの笑顔で安心する。かわいい。

「白粥とねぎタレ、カラスミ」

昨日の夜遅く、夫が出張から帰ってきた。お土産のカラスミをどう食べるかワクワクして、白粥に合わせる。小ねぎのみじん切りを醤油とごま油であえて、時折、お粥にのせる。至福。

「いちじくの天ぷら」

午前中だけだけど、久しぶりに夫とゆっくり話す。別に中身のある話でもなく、「久しぶりに今日は話せたね」と話したことが良かった。

最近話せてない、とお互い認識していることは大切じゃないかと思う。

夜は、天ぷら（いちじく、さつまいも、マッシュルーム、鶏むね肉、大葉）をつくる。市販の天ぷら粉を使うと、気楽に天ぷらが楽しめる。いちじくとかマッシュルーム、変わり種が楽しい。

「イベリコ豚のソテー」

雨の音で目が覚める。

思ったより降っていて驚いたのだけど、なぜ小雨だと思い込んでいたのだろう。寒い。

キャンプ用品を見に行き、焚き火用の燃えにくい服を買う。

その後郊外の大きな本屋さんへ。

帰りが遅くなったけど、冷凍のイベリコ豚を戻しちゃったので、絶対に家で食べると決めていた。さつまいもご飯をつくることにして、あとは思いつきでつくっていったけど、美味しい夕食でした。

［つくり方］
イベリコ豚の肩ロース肉を室温に戻し、肉の重さの1％の塩を振る。弱めの中火でじっくり焼く。フライパンを綺麗にしてからキノコも炒め、塩。切った豚肉の上にばさっとのせた。

「ナスと卵のチーズ焼き」

細切りにしたナスにオリーブオイル、トマトピューレをあえて、グラタン皿にのせ、卵を割り入れ、周りにチーズをちらし、トースターでソースがぐつぐつして焦げ目がつくまで焼く。

至極簡単なのに、華やか。

「鶏かぼちゃ」

プールの後、図書館で1時間ほど息子とそれぞれ本を読む。

外に出ると真っ暗。そっか、時間のある時は図書館で読めば良いんだ、と思う。結果、夜になっちゃったけど。帰り道、綺麗なお月様。

公園でしばらくお月見。帰ってきた夫と娘も呼んで、家族で月を見る。

息子はちゃらんぽらんだけど「おつきさまきれい」と空をしばらく眺めていたいと思う心があるのは良かったと思う。

［つくり方］

かぼちゃ¼こを電子レンジで3分チンして切りやすくする。と

ころどころ皮をむき1㎝の厚さに切ってフライパンに入れ、オリーブオイル大さじ1、ニンニク1かけ薄切りと、塩小さじ½を振って蓋をして両面じっくり焼く。柔らかくなったら、鶏むね肉の削ぎ切りに塩小さじ½を揉み込み、かぼちゃの横で全体が白くなるまでささっと焼き、白ワイン大さじ1をかける。最後に、肉とかぼちゃをざっとあえて完成。

「鰹納豆」

息子と公園に行った帰り、気になっていたパン屋さんにやっと行けたのに、所持金が300円しかなくて、自分自身に驚きました。しょぼくれた気持ちを胸に、スーパーではカードが使える安心感で、食べたいものをついつい買ってしまう。鰹もレバーも美味しそうで、とびきりお買い得でありました。自転車で息子とお喋りしながら、どこまでも行けそうな気分になります。夕暮れ時は特にどこかへ。

［つくり方］
納豆2パック、青ねぎ、納豆の付属のタレをよく混ぜたら、醤油とあえた鰹の刺身のぶつ切りをのせます。美味しい。

「お豆腐の実験」

息子が掘ったお芋を焼いて夜ご飯に。「おねえちゃん！　きょうのごはんで、いちばんおいしいのどれ⁉」と息子が聞いている。娘が「掘ってきてくれたお芋」と言うと満足気な笑顔。当の息子はいくらご飯ばっかり食べていたけど。

［つくり方］
豆腐の水を切り、塩、小麦粉をはたき、卵にくぐらせ、鰹節と青海苔をまぶし、油で揚げ焼き。美味しいけどもかなりつくりにくく、レシピには出来そうにない。

「しとしと雨の1日」

朝起きて「ああ仕事しないと」と思い、夫とも「あれを撮影して、あれをやって」と相談するも、どうもやる気が出ない。そもそも自然光でやるのに、雨で大丈夫かなあなんてのんきに構えていたら、どんどん暗くなっていく。

時間ぎりぎりで猛スピードでつくって撮影して、17時過ぎに終わった。光も無理かなあと思ったけど、夫がなんとかしてくれた。本当申し訳なかったです……。

「栄養鍋」

鍋にニンニク6かけスライス、生姜1かけスライス、酒、大根おろしの汁、水を入れて沸騰させ、ふつふつと弱火。豆腐を入れ、ほんのり温まったところで食べる。その後は豚肩ロース薄切り、長ねぎ、セロリ、白菜の細切り、エリンギはざっくり割いて入れていく。ねぎ味噌（P117参照）、ねぎタレ（P142参照）に大根菜っ葉を入れたもの、すだち、塩、大根おろし、ポン酢で食べる。〆はお汁かけご飯。

「一期一会のカレー」

夫が休みだったのでどこかへランチに行こうかと話したけど、息子のお迎えに間に合わないので、家でさっとカレーをつくった。すぐき漬けとカレーとジャスミンライスの組み合わせがとても良い。

玉ねぎ½こ、ニンニクと生姜を1かけずつみじん切り、米油でじくじく炒める。ひと口大にした牛肉を入れて塩、生のパプリカ、コリアンダー、ターメリック、クミンパウダー、トマトジュース、味見して粒マスタード、セロリの葉を足す。ジャスミンライスと梅干し、すぐき漬けとともに盛り付けて。

「大きい野菜のポトフ」

ポトフを弱火でコトコト煮込んでいる間、お鍋を娘に託して1時間以上ゆっくりお風呂に入る。

お風呂の中で本を読んでいたら、息子が来て「え！　ぬれたら、どうするの！」、娘が来て「え！　お母さん本読んでるの！　濡れたら終わりじゃん！」と言われる。若い頃は母に時折呆れられたけども、歳を取ると子供に叱られる。

冷凍庫から発掘された手羽元をとりあえず下茹で。綺麗に洗って、もう一度新しい湯で煮直す。有賀薫さんのスペアリブのスープをつくってから、骨付き肉はこの方法で下処理。綺麗な味になって嬉しくなる。お野菜はとにかく大振りに。蕪もそのまま。皮だけ薄くむく。味つけは塩だけ。食べる時に粒マスタードを。

「キノコとバゲットのポタージュ」

試作が大失敗。失敗したくないメインメニューが失敗するとずんと落ち込む。工程に難があった。お味はすごく良かったのでまあいっかと気を取り直す。子供たちはすごくよろこんでいたので、沈んだ心も慰められる。

［つくり方］
玉ねぎ½こ、セロリ5㎝ほどをスライス、バター10ｇでよく炒め、マッシュルーム1パック、舞茸½パック、しめじ½パックをほぐし、固くなったバゲットスライスを3枚ほど入れて塩して蒸し煮。ブレンダーでよく潰し、牛乳を混ぜ、最後に塩で調整。リッチな美味しさ。

「ナスとぶどうのバルサミコ酢炒め」

期日前投票に。いつも私たちが行く投票所は、クラシック音楽が大音量で鳴り響いており、高貴で優雅な気持ちで投票している。

お昼時スーパーへ行ったら、本マグロ丼590円。ご飯の上に中トロがびっしり。私と夫で「これはすごいね！」と大騒ぎしていたら、いつもお寿司や海鮮丼をつくっているお店の女性が「今日、鮮魚部が本マグロ使って良いって言うからさ。たくさんつくっちゃったわよ！」と説明してくれた。

そんなお話を聞くと、ならばお言葉に甘えさせていただきます、と私たちも買っちゃった。

スーパーのマグロ丼と思えないほどゴージャスで、買わなかったら2週間は後悔していたね、と夫と話しながらいただく。

［つくり方］

弱火でオリーブオイル、薄切りにしたニンニクをじくじく炒める。乱切りにしたナスを入れてさっと炒め、半分に切ったぶどうを入れて、塩を振り、バルサミコ酢も入れて水気が飛んだら出来上がり。

「鴨とナス、マッシュルームの治部煮」

午前中にゆっくりスーパーで買い物をしていたら、先日お店で食べた鴨を自分でも

料理したくなり、買ってしまった。

［つくり方］
乱切りにしたナスに油をまぶし、皮目を焼き付け、マッシュルーム、しめじを入れ、出汁、みりん、醤油、塩で煮付ける。鴨肉に酒をまぶし、片栗粉をはたき、さっと煮てすぐに火を消す。生姜のすりおろしを少量入れる。

「牡蛎入り麻婆春雨」

仕事をして、夕方からお持ち寄りの会があって出かける。みんな何持ってくるかなあ、と考えながら料理するのも久しぶり。空気や会話。ああ、そうだ、こういう幸せや楽しい時間があったんだなと思い出す。

［つくり方］
フライパンに米油、ニンニク、生姜のみじん切りを入れ、弱火でじくじくと炒める。牡蛎を入れて両面を焼き、取り出しておく。あいびき肉を炒め、湯で戻し食べやすい大きさに切った春雨を入れる。醤油、紹興酒、水を入れよく煮詰めて、最後に牡蛎を戻して炒めたら出来上がり。花椒、山椒、豆板醤をかける。

お月見に台湾料理はいかが？

「お月見」は元々中国から日本に伝わった文化だそう。今も韓国や台湾、ベトナムなどアジア圏にそれぞれの国の風習があるらしい。中国ではお月見の時に月餅を食べたり、台湾では焼肉を食べるのだとか。花より団子じゃないけども、食べ物がセットなのはどこも同じなのかしら。

私たち「ＯＴＳＵＫＩＭＩ．」が、第１回のイベントの時につくってお客様にお出ししたのが「三杯鶏」。サンベイジーと読みます。台湾でとても人気のあるお料理で、日本だけではなく外国にも根付いている「お月見文化」をイメージしてつくったのでした。お肉はジューシーで、バジルの爽やかな香りとソースのコク！　簡単なのに、とっても本格的な味です。変わったメニュー名ですが、ごま油、醤油、紹興酒が全て同じ分量だから「三杯」なのだそう。

［材料］
鶏もも肉　500g
白ねぎ　2本
舞茸　½パック
パプリカ　1こ
ニンニク　3かけ
生姜　3㎝ほどの1かけをスライス
バジル　1パック（35g）
ごま油、醤油、紹興酒　各大さじ2
水　80㎖

ニンニクを皮ごと潰し、根元を切り落として、皮も取り除き、粗みじん切りにします。

ニンニク、薄くスライスした生姜、5㎝ほどに切った白ねぎ、ごま油をフライパンに入れます。弱火にかけ、細かい泡が出てしゅわしゅわするまで熱します。その間に鶏肉を切りましょう。

鶏もも肉は皮付きのまま、大きめに切ります。だいたいからあげ用くらい。煮込んでいると小さくなるので大きめの方が良いのですが、大きすぎると、味が染みにくいのでご注意を。パプリカはヘタに親指の爪を円状にぐいっと押し込み、種を引き出し細切りにします。親指の爪で行うと少し痛いので、包丁で切り込みを入れても良いですよ。

フライパンのニンニク、生姜、ねぎを端に寄せ、空いたスペースに鶏肉を皮目を下に並べ、横に割いた舞茸を入れ中火に切り替えます。5分ほど焼き、鶏肉の皮目がカリッとしたら裏返し、紹興酒、醤油、パプリカ、水を入れ、蓋を少しずらしてかぶせます。中火で10分ほど、水気がなくなるまで煮詰めます。

10分後、ざっと混ぜ合わせ、洗って水気を切っておいたバジルを仕上げにバサッと入れたら火を止め、混ぜ合わせます。バジルがほんのりしんなりしたら、完成です。こってりとしたタレが絡まった鶏肉はもうたまらない味わいです。鶏の脂とごま油が滲みた舞茸の美味しさったら！　ほんのりと甘酸っぱいパプリカは控えめながら絶妙なアクセントに。

異国情緒溢れる味わいに夢中になります。ぜひ固めに炊いた白米と召し上がれ。たっぷりのバジルで台湾料理っていうのも意外で楽しい魅力の一つです。

11月の料理

「明石焼き寄りのタコ焼き」

娘がどこかに行きたいと言うので、大きな本屋さんまでドライブ。私も小さな頃から本屋さんに行くのが好きだった。今だって、行くたびに静かに興奮してしまう。

子供の頃はずらりと並んだ書架に畏怖を感じていたけれども、大人になった今、違う思いで本棚の前に立つ。１冊１冊、人間の表現が詰まっている。

出発する前に急いでお出汁をひいて、夜はタコ焼き。

私は卵を結構入れるので、明石焼き寄りです。ああタコ買って良かったなあ。ソースをつけて、出汁にそっと浸すのが大好き。

出汁は鰹の厚削り節、昆布をじっくり弱火で煮出す。お出汁って本当にえらい。これだけで美味しいんだもの。

「里芋と油揚げの煮っころがし」

朝起きて洗面所で自分の顔を見て、ぎょっとする。肌がやけにつるんとして、ぱんっと張っているのだ。お化粧品は何も変えていないので、おそらく週末に集中的に食べたタコのせいではないかしら。これからいざという時にはタコ美容法を実践しなくては……私の「いざ」っていつかは分からないけども！（ちなみに次の日にはお肌はもう再びしゅんとしていました）

［つくり方］
里芋は箸で刺せるほど柔らかく茹でて皮をむく。鍋に里芋、切った油揚げ、醬油、みりん、水を入れて煮含めていく。山椒と七味を振って食べると最高でした。

「里芋のからあげ」

お肉屋さんで買い物をして、お代を払おうとしたら、またしても財布にお金が入っていない！　謝って、家に取りに帰ってまたお支払いに行く。

以前も魚屋さんでやってしまって、魚屋さんのおじさんに「大丈夫？　帰れるの？　お金貸そうか？」と心配されてしまったのでした。

今日も試作。昨日よりは良いかも。

里芋の煮っころがしの展開料理。木ベラでぎゅっと潰して、米粉をはたいて、オリーブオイルで揚げ焼きしたもの。おうちの味。

「マグロのきゅうりあえ」

息子の習い事の面談。

「親がサジ投げたらそこで終わりですからね」と先生に言われる。

サジ、投げない、私、サジ、投げない、と帰りながら、何度も自分に言い聞かせる。

毎日の宿題、サジ投げない。

そしてスイミングに連れていくと、今まで意味を見出していないまま提出していた

カードに、息子のスイミングの進度が書いてあるのを発見する。2か月間気づかなかった。
ざっと読んで脳に言葉を入れるのをやめた。一人で着替えて、体拭いて、毎回通ってるだけでえらい。

［つくり方］
きゅうりを専用スライサーで千切り。マグロのブツと合わせ、混ぜながら食べる。わさびを効かせると美味しい。

「ナスの梅風味」
ナスをナンプラー、水、梅干しで煮た。気の抜けた頼りない感じが良いおかず。

「ぶどうとカッテージチーズのサラダ」
実が固いタイプのぶどうの皮をむき、透けるほど薄くスライス。ベビーリーフ、カ

ッテージチーズ、オリーブオイルと塩。ぶどうがナタデココみたい。

「スペアリブと肉団子のトマトけんちんスープ」

ハーブ園のボランティア。

今日はハーブ園で切ったユーカリやハーブ、葉っぱ類でスワッグづくり。あんまりにも不器用な私を見て、みんなが助けてくれる（毎年のことです）。本当、手先が不器用……その上センスがない……。

そして、「まみちゃん、なんか顔が5歳くらい老けてるよ」と笑われる。

昨日、仕事の原稿を遅くまでやって、朝起きた時に如実に顔がやつれているのが自分でも気になっていたんだけど……つらい。

［つくり方］
キャンプで炭火焼きしたスペアリブを冷凍しておいたので、トマトジュースと水で煮る。蓮根、椎茸、大根も一緒に煮込む。肉団子は豚ひき肉と卵と小麦粉、パセリ、塩をよく混ぜて一緒に煮込む。

「エスニック鍋」

午後はぼんやりして過ごす。今日は夫が家にいたので、それだけでもう安心し切って大手を振ってぼんやり。

夕方、息子を体操教室に連れていき、なんだかちょっと駄々をこねたりもされたのだけど、疲れていたので私の感情も死んでいて、そうだね、そうだね、と聞いていたらいつの間にか機嫌が直っていた。

夕食の鍋はベビーリーフ、バジル、パクチー、ルッコラ、大葉、ミントを、ニンニク、トマト、青ねぎ、ナンプラーの鍋つゆでしゃぶしゃぶ。〆は細めのうどん。ライムと塩も添えて。

タレは、生の春菊を刻み、醤油とごま油を合わせた春菊ダレと、醤油とスイートチリソースを1：1で合わせたソース。

「風邪ひきさんのための肉団子スープ」

息子は風邪気味。鼻が完全に封鎖された模様。気は元気だからじっとしていてくれない。夕方に発熱。
明日から夫は出張。私は今週毎日仕事の予定が入っている。どうしようと不安になる。これは非常事態かも……。

夫が出張に行く前に！と、とりあえずクリスマスツリーとリースを飾ってくれた。毎年娘が楽しみにしている。ツリーは私の身長を優に越える大きなもの。この時期はいつもツリーの光る電球を眺めている。今夜もみんなが寝静まってからぼうっと見つめている。事態が良くなるわけでもない。

［つくり方］
白ねぎの青いところ2本分、大根7cmをフードプロセッサーでペーストにして、鍋に入れ、白ねぎの細切り、生姜スライスと酒、水も入れコトコト。蓮根と椎茸をみじん切りにし、鶏と豚のあいびき肉、塩、片栗粉、卵と混ぜる。丸めてスープに落とす。醤油と塩とはちみつで味付け。

「風邪ひきさんのためのスープ パート2」

熱もあり、鼻がぐずぐずな息子は幼稚園をお休み。小児科へ。
「強力な漢方あるけど、漢方飲める?」とお医者さんに聞かれて、飲ませたことないけど頑張ってもらいます、と答える。相変わらず気は元気で、先生に「はながつまっちゃってるんだよー」と話しかけている。ミロで溶いてあげてという先生の言葉に、俄然テンションが上がる息子。

家に帰り、試しにミロで溶いて飲んでもらったら「あああああああ」と小さく叫び小刻みに震える。漢方の味は強い。ミロ勝てず。
結局、小さじ1のお湯で漢方を溶いて、ミロ小さじ2、お砂糖小さじ2という得体の知れないドロドロ状にしたものを牛乳で飲むというレシピを発明した。

お薬を飲めたタイミングで、Zoom打ち合わせ。間に合ったー!とほっとする。

明日の撮影の買い出しのために留守を預かりに急遽母が来てくれた。そして、そのまま息子を連れて帰ってくれた……。まさしく天の助け。本当に本当に助かった。

［つくり方］
鶏むね肉を茹で、割いて戻し、山芋、大根おろし、白ねぎのみじん切り（青いところまで全て）、ザーサイ、梅干し、酒、ナンプラー、ニンニク、生姜、はちみつを加えてよく煮込む。最後にごま油たっぷり、卵を溶いて入れる。

「蓮根とルッコラの塩きんぴら」

撮影後、母に預けた息子をお迎えに。良い調子にやっていたようで安心。熱も微熱に。

［つくり方］

蓮根300gを縦にスライスして、細切り。水にさらして、ごま油大さじ1をあえ、香ばしく焦げ目がつくように放っておき、時折、混ぜ返す。塩をざっと振り、最後にルッコラ1束みじん切りをどさっと入れてあえ、黒胡椒をかける。

「豆腐のジョン」

石垣島から夫が帰ってきた。「イカメンチ」と大きく書いてあるTシャツを着ていた。イカメンチを買ったらお店からもらったとのこと。

［材料］
木綿豆腐　1丁（300g）
海苔（全型）　1枚
小麦粉　大さじ1
溶き卵　1こ分
ごま油　大さじ2
塩　2つまみ

〈タレ〉
ニラ　3本（みじん切り）
砂糖　大さじ½
醤油、酢　各大さじ1と½

［つくり方］
豆腐をキッチンペーパーで包んで重しをのせ、1時間ほどしっかり水切りする。海苔は12等分に切り、タレは材料を混ぜ合わせておく。水を切った豆腐の厚さを半分に切り、6等分に切る。海苔を巻き、小麦粉を満遍なくつける。フライパンにごま油を熱し、豆腐を1こずつ溶き卵にくぐらせてから入れる。弱火で片面を3分ずつ、両面がカリッとするまで焼き、仕上げに塩を全体に振る。器に盛り、タレをかけながら食べる。

「ラム肉とねぎの塩炒め」

今年も落ち葉が大変な時期になってきた。帰ってきた夫が掃いてくれた。

［つくり方］
白ねぎ2本を斜め薄切り。多めの油で焦げないようゆっくり炒め、塩を振る。フライパンの端に寄せ、塩と片栗粉をまぶしたラム肉300gを入れて色が変わるまでいじらず両面を焼き、紹興酒を入れる。最後にねぎと合わせ、塩、醤油。

「鮭とマッシュルームのトマト煮」

お花屋さんで綺麗な色のダリアを買う。1本で強い存在感。部屋の景色が変わった。

［つくり方］
塩を振って水気を拭いた鮭をオリーブオイルで焼き、マッシュルーム、トマト、白ワインを入れて蓋をして蒸し煮する。味見して塩で味を整える。

「かぼちゃすりごま」

朝から美容院。切ってもらってさっぱり。おすすめしていただいたヘアケア剤がすごく良くて、今まで野ざらしにしていた髪の毛も落ち着いてきた。少しでも手をかけてあげると、気持ち良く生活を送れるんだろうなあ。

今週はすごく忙しいから、髪を切って気合を入れた。

［材料］
かぼちゃ　¼こ（約３５０ｇ）
すりごま　適量
辛子（チューブの練り辛子でＯＫ）　適量
醤油　適量

［つくり方］
かぼちゃを洗って種を取り、全体を包むようにラップで巻き、電子レンジ（６００Ｗ）で5分加熱する。箸を刺して、すっと通るようであれば大丈夫。５分ほどそのまま放っておき、余熱

で蒸らす。食べやすい大きさに皮ごと切り分け、すりごまを全体に振る。辛子醬油をつけながら食べる。

「ブリのトムヤムスープ」

ピカピカに晴れたので、洗濯をして、スニーカーも洗う。気持ち良い。

午後から東京国立博物館のオンラインワークショップ。

尾形光琳の八橋《やつはし》蒔絵《まきえ》螺鈿《らでん》硯箱《すずりばこ》の造形を実際にクラフトしながら学ぶというもの。2時間という長さにもかかわらず、娘も息子もとても真剣に取り組み、楽しそうでした。

［つくり方］
ブリに塩を振り、水、ニンニク、生姜、蕪、ナンプラー、トマトジュース、日本酒、梅干し、酢を入れて軽く煮る。仕上げに赤玉ねぎの薄切り、パクチーのざく切り、青ねぎを入れる。
材料だけ見るとちょっと不思議。

「干し貝柱と塩漬け家鴨《あひる》の炊き込みご飯」

干し貝柱7こ、横浜中華街の「南粤美食《なんえつびしょく》」で買った家鴨肉を刻み、骨と一緒に味付けなしで炊く。炊き上がってから青ねぎ、醤油を回しかける。とっても美味しかったのですが、これ、パンチェッタと干し貝柱でも出来そうと思いました。水加減は普通の白米と一緒。若干パサッとなる感じも好き！

「かぼちゃのポタージュ昆布入り」

かぼちゃ、トマト、玉ねぎ、昆布をくつくつ煮込んで、昆布ごとブレンダーで潰す。牛乳で伸ばして、塩で味を整える。ふくふくした美味しさ。

「根菜のせいろ蒸し」

朝起きたら、息子がおいおい泣いている。「おとうさんがよかったー、おとうさん

とようちえんいきたいー」。そんなのこっちだってそうですよ…お父さんと行ってほしいですよ……しかし、当の父親はもう仕事に行くところじゃないの。

わんわん泣く息子を抱っこしてお腹の上にのせ、ソファで2人で毛布にくるまる。「もう、じゃあ今日は幼稚園休んじゃお。お母さんとゆっくりテレビ見ようよ」と朝ドラを見て二度寝をキメようと思ったら「やっぱりようちえんいくー」と言う。じゃあ、そうしようそうしようと急いで支度。

歩いて行こうとすると、「じてんしゃがいい」とまたメソメソ。「お母さんの健康のために歩くの付き合ってくれる?」と言うと、うなずいて手をつなぐ。そして、あんなに歩くのを嫌がってたくせに、あっち行き、こっち行き。畑で冬瓜見てから行こうと回り道。疲れちゃうよ、と言ったら「けんこうのため、あるくんでしょ!」と言われる。

もうこんなこともあと3ヶ月ほどで終わる。私の人生でまもなく消滅する毎日の送り迎え。もうこんなに毎日手をつないで歩くこともなくなってしまう。娘の頃からずっと続いていた習慣。寂しくなるのかな。まず歩かなくなりそう。

［つくり方］
野菜室に半端に残っている野菜をせいろで蒸す。塩とバターで美味しい。

「モッツァレラのちくわせんべい」

早朝から映画。私は2回目だけど娘のリクエストで吹き替えの『エターナルズ』、夫と息子は『妖怪ウォッチ』。娘が「面白かったー‼」と感激していたのでマーベル沼に引き込むチャンスかもしれない。

［つくり方］
ベビーモッツァレラとちくわの斜め薄切りに片栗粉、塩、青海苔をまぶし、揚げ焼き。モッツァレラは転がしながら。ちくわがカリカリになったら裏返し、穴のところに溶けそうになったモッツァレラをのせます。裏面もカリカリに。

「昆布締め鯛のカルパッチョ」

鯛を薄くスライスして、半日ほど昆布締めする。食べる時にオリーブオイルとちょっぴり塩をかけて出来上がり。

「豚肉と白菜のぬか漬けとセージのソテー」

豚の肩ロース肉に小麦粉をはたき、両面オリーブオイルで焼いて、器によそっておく。フライパンに残った油をラフに拭いて（ちょっと残しておく）、白菜のぬか漬けのみじん切り、セージのみじん切りを炒めて豚肉にのせる。深い味。

「味噌漬けローストビーフ」

明日の撮影の買い出し。

荷物が重たくて、ああなんで私は今日自転車でスーパーに来なかったんだろ……と思いながら必死でえっちらおっちら歩く。

家に着く直前、「違う！　私、自転車でスーパーに行っていた！」と気付く。

いつも歩きだから、うっかり自転車置いて帰ってきちゃった……。

玄関に荷物を置いて、またスーパーに歩いて自転車を取りに行く。

信じらんない！　信じらんない！と1人でぷりぷりした。

［材料］（4人分）
牛もも肉（ブロック）　400g
味噌　大さじ1
醤油　大さじ½
みりん　大さじ1
ニンニク　½かけ（すりおろし）
オリーブオイル　小さじ2

［つくり方］
牛もも肉は調理の1時間以上前に冷蔵庫から出し、室温に戻しておく。
牛もも肉を耐熱容器に入れ、予熱なしのオーブン100度で35分焼く。焼き上がったら裏返して、さらに35分焼く。ポリ袋に味噌、醤油、みりん、ニンニクを入れて混ぜ、粗熱の取れた牛もも肉を入れて、よく揉み込む。そのまま冷蔵庫で一晩漬け込む。
翌日、食べる直前に冷蔵庫から取り出し、オリーブオイルを入れたフライパンを中火で熱して、肉の表面を焼き付ける。粗熱が取れたら薄くスライス。肉を漬けていた味噌ダレをフライパンでひと煮立ちさせて、ローストビーフにかける。

お肉屋さんのお惣菜、スーパーのパック寿司

私がいつの時でも無条件に「食べたい！」と思うのが、近所のお肉屋さんのお惣菜である。お客さんが常にひっきりなしの地元になくてはならないお店で、精肉だけではなく、野菜や豆腐、日用品まで売っている。ここのお店のお母さんが毎日気まぐれでつくる自家製おかずが、もうそれはそれは絶品なのだ。

ある日は、霜降りだったであろう異常に良い牛肉と大根をとろとろになるまで火を通した煮物、鶏手羽元のチューリップからあげだったり、ひと口とんかつや、ケチャップ味のピーマンの肉詰め。素材の元々の美味しさも間違いないが、懐かしい家庭的な味付けが疲れた心を温める。ああ、最近こういうお料理を食べてなかったなあ、なんてものがすっと並ぶのだからたまらない。なかでも、私の大好物は、醬油で甘辛く味付けされた「いんげんとニンジンの肉巻き」。巻いてある肉の脂の上品なこと！　そしてうま味をすっかり吸ったお野菜の美味しさよ。肉巻きは面倒で自分ではあんまりつくらないけれど、「肉巻きって美味しいよねえ……」っていつも心から思う。

お店に来る人はみな口を揃えてお母さんに「今日は何つくるの？」とたずねる。「あとでメンチカツつくろうかなって思ってるんだけどねえ」なんて言葉が聞こえたら、うちは8個！とすかさず予約してしまう。わが家は4人家族だというのに。

人のつくったものってなんて美味しいんだろう。ここで買い物するたびに、ご近所さんに「今日のうちのおかず」を分けてもらっているようで嬉しくなる。

私のもう一つの好物は、スーパーのパック寿司。冷え切った酢飯、なめらかな断面のお刺身。付属のちょっと薄いさらさらの醤油をつけて食べると、冷たさが喉をつるりと通り抜ける。いつも、「うん、これこれ」と思いながら、気がつくといっぺんに食べてしまう。

スーパーのお寿司はどこかすげない味なのに、日本人のDNAのなせる業なのだろうか、無条件に「美味しい」と思わせる。そして、その「そっけなさ」に救われる時もある。あとは自分で熱いお茶さえ淹れれば、満足度も高い。冷たい、熱いの温度差も良い。

しかしである。数年前、近所に出来たスーパーのお寿司がその価値観を覆した。なんとお寿司コーナーに専任の女性が立ち、鮮魚売り場の魚を使い、お寿司をつくるのだ。

「今日は中トロたくさん使って良いって言われたからネタ大きくしたわよ～!」「これおろしたて! 絶対お得!」などと言いながら売り場にお寿司を並べるので、ふらふら～っと誘われるのである。パック寿司のクールさを好んでいる私だが、つくっている人の表情、言葉に触れると、それだけで美味しさは倍になる。これはもう「安心」や「信頼」という感情だと言えるだろう。

ここのスーパーのお寿司をいただく時は、三つ葉や海苔を入れて、お味噌汁をちゃんとつくる。そして、一切合切を平らげた後には「なんて私は幸せなんだ……」とソファに雪崩れ込むのである。

12月の料理

「牛すね肉とキャベツのオニオンスープ」

人前に出る機会があるので服を買わなきゃいけない。ずっとうじうじしていたけれど、勇気を出して買いに行く。

「服を買いに行く時に着る服がないよ……」と、何年か前のニットと、もう寒々とする夏に買ったスカート。冷える〜と震えながら、最寄りのデパートに自転車で向かう。自分でも何が欲しいとかはないのだけど、とにかく「よそいき」がない。

仕事でも着たいので、料理しやすい袖のもの、エプロンも着けやすいもの。いつも買っていたお店はそういう面ではそぐわず、違うブランドにしなくては、と新しいお店に行ってみた。

平日の朝一で行ったので、お客様は私だけ。事情を説明して、組み合わせで買いた

いこと、エプロンの色も伝える、恥ずかしいけれど、困っていることや予算も相談した。あとは自分で選ぶと似たような服ばかりなので、選んでくださいとお願い。

結果、自分では手に取らないような洋服を提案してもらえて、大興奮。ついでに下着やインナーも相談してそのアイテムも購入。

洋服を見たり、おしゃれをしたりすることも好きだったのに、時間も無く、体型も変わり、最近はすっかりその気持ちがなくなったどころか億劫になっていた。でも、弾みがついたらムクムクと楽しい気持ちに。

家に帰り、オニオンスープをつくる。玉ねぎとキャベツを1時間ほど強火で焦がし水を入れて煮詰めを繰り返し、こんなべっこう色に。牛すね肉も入れてリッチなお味になった。

「パンの夜ご飯」

バジル、ミント、パセリ、中途半端に残っていた冷蔵庫のフレッシュハーブを全部みじん切りにしてバターと混ぜて、気分がスッキリ。野菜のピクルスや蒸しかぼちゃをパンのお供に。厚切りの食パンがぜいたく。

「筍のグラタン」

朝、マッサージへ。

ずっとお休みしていた中国人の女性の方が復帰されたようで、お元気でしたか？と話に花が咲く。バキバキだった肩も楽になった。

その後急いで、娘の学校の三者面談。宿題の提出がデジタルで、私もよく分かってないという話。

先生の話を聞いて、娘は学校でも頑張っているんだなあと思う。なんだかえらいなあと思い、帰りにポテトチップスをコンビニで買ってあげる。自分には肉まんを買おうと思ったけど我慢した。

［つくり方］

筍の水煮をバターで炒め、小麦粉を振り、少しずつ牛乳を混ぜて、とろりとするまで熱する。塩で味つけ、耐熱皿に入れて、チーズをかけてトースターで焼く。シンプルだけど、美味しい。

「ブロッコリーのマスタード焼き」

朝から撮影。寒い日だったので、ほかほかとしたお料理で幸せな気分。予想していた工程で、予想していた味になったので、ほっとしました。とにかく冷え切って冬の訪れを実感。

［つくり方］
ブロッコリーを割いて、マスタードと塩をあえ、オイルをかけてトースターでカリカリになるまで焼くだけ。コリコリして美味しい。

「マスカルポーネとかぼちゃ、ピーナッツ」

幼稚園の後、体操教室に行き、今日はリレーをするとのこと。まず息子がトラックを1周まともに走れるのだろうか……と思っていたら、一応バトンを受け取り、のてのて走っていた。なにより感動したのが、息子がいることでチームは負けてしまうのに、誰も怒らない。「もっと速くー!」なんて急かされない。みんな「仕方がないねえ」という感じで見守ってくれていて…やさしい……。

身体能力より、お兄さん、お姉さんのその心を学んでほしい。
最後、私と息子が2人で1周リレーをしたのだけど辛くて、何周も走っているだけで息子もえらい！

［つくり方］
かぼちゃをレンチンして、マスカルポーネチーズと砕いたピーナッツを混ぜたものをかけて食べた。すごく美味しい。

「#旬とスパイス　牡蛎とターメリックのパエリア」

お迎えに行くと、息子が「伝説のポケモンパンを探したい」と言い出し、方々へ。ポケモン全然知らないのになあと思いながら付き合う。で、結局見つからなかった。エスビー食品さんのnote「#旬とスパイスレシピ」の試作をする。

［材料］（3〜4人分）
牡蛎（加熱用）　200g
玉ねぎ　40g（約1/6こ）
ニンニク　1かけ
オリーブオイル　大さじ1
米　1合（洗わずそのまま）

塩　小さじ½
水　600㎖
ターメリックパウダー　小さじ¼
生ハム　4枚（約40g）
柚子　果汁½こ分、飾り用½こ

［つくり方］

玉ねぎを粗みじん切り、ニンニクをみじん切りにして、オリーブオイルをひいたフライパンで弱火で炒め、空いたスペースで牡蛎を焼きます。

全てをボウルにあけて、フライパンに米を入れ平らに敷き詰め、塩を振る。ターメリックを水に溶かし、米に注ぎ、中火にかけてボコボコと沸騰したら、蓋をせず5分間煮る。次にタイマーを14分かけ、弱火に切り替えて煮る。縁の方に火の偏りがあれば、フライパンの場所を少しずらすなど調整しましょう。完全に水気が飛んでいるように見えたらOKです。

水気が飛んでいない場合はさらに1～2分煮る。火を止めて牡蛎と玉ねぎ、ニンニクを広げて並べ、エキスもかけて蓋をし、10分蒸らします。その後、中火で5分熱して、おこげをつくります。最後に生ハムをちぎって散らし、柚子を搾れば出来上がり。

今回私は26㎝のフライパンを使用しています。これより大きければ汁気がなくなるのが早く、小さければ汁気がなくなるのが遅いです。

「カニカマとチーズの卵焼き」

明日は雨らしいので、落ち葉掃除。葉っぱの季節が変わり、けやきから銀杏へ。銀杏は油分が多いせいか掃きにくい。

音楽を聴きながら掃除していると気分転換になった。

原稿を書いて、幼稚園のお迎えに。

今日も伝説のポケモンパンを探しに行くと言うので、えーっと渋っていたら、スーパーに普通に売ってるよ、とお友達に教えてもらって、本当に普通に売っていて驚きました。

［つくり方］
卵3こに青ねぎのみじん切り、ほぐしたカニカマ、チーズを混ぜる。小さめのフライパンで油を多めに熱し、オムレツ状にまとめる。

「レンチン約5分で出来るカレー」

［材料］
鶏ももひき肉　70g

水　200㎖
トマトジュース　50㎖
ターメリック、クミン、ジンジャーパウダー　各小さじ⅛
コリアンダー　小さじ½
カレーパウダー　小さじ1
塩　小さじ½

［つくり方］
材料を全て耐熱容器に入れてよく混ぜ、ラップなしで3分半レンチン。出来たらもう一度混ぜて、仕上げに山椒。美味しい！
今日はエリンギの輪切りも入れた。

「はんぺんとズッキーニのソテー」

フライパンに多めのオリーブオイルを入れて、ズッキーニを裏返しながらじっくり焼く（皮目も！）。途中ではんぺんも入れて一緒にこんがり焼いて、塩を振り、レモンをぎゅっと搾る。

「巨大な牡蛎フライ」

「来たよ！」と夫のひと言で、もう分かった。

来たのね！　牡蛎が！　レシピ開発のために送られてきた牡蛎。思ったより大量。

お夕飯は牡蛎フライ。お店で見る巨大なもの。あれはいくつかをくっつけていると知り、ずっとしてみたくて、今回、ぜいたくにつくってみました。これはすごい……。牡蛎フライを箸でつまんで、重いって思ったのは初めて。

牡蛎を塩水で洗い、水気をよく拭き、小麦粉をまぶし、2粒をくっつける。卵と小麦粉と水を混ぜたバッター液にくぐらせ、パン粉をつけて油で揚げたら出来上がり。

「牡蛎のオイル煮」

フライパンで牡蛎を空煎りして、水分が出なくなったら紹興酒とオイスターソースを入れてまた水気がなくなるまで焼く。消毒した瓶に牡蛎を入れて、ひたひたになるまでオリーブオイルを入れる。一緒に生ニンニクのスライスや唐辛子も入れる。

保存食だけどパクパク食べてしまう。

「お誕生日の食卓」

息子を習い事に送ったついでに買い物を。
夫にプレゼント。当日になっちゃったけど。良いものが買えた。
お花とケーキも準備して。いつまでも健康で長生きしてほしい。

［献立］
・コールラビのパエリア・トマトとチーズ・サーモンのサラダ・焼き芋・ローストビーフ・白ねぎのポタージュ

「これで良かったんだ鯖の味噌煮」

なかなか味が決まりにくかった鯖味噌。先にフライパンに、白味噌、みりん、砂糖、醬油、酒、酢、生姜。水に溶かしてひと煮立ち。こんな味で、こんな水分量になっ

たら良いなというゴールを想定して煮汁をつくる。そこに下処理した鯖を並べ、皮が少し出るくらいまで水を入れる。

8分ほど煮汁をスプーンで皮目にかけながら、弱めの中火で、とろみがつくぐらいまで煮る。最初に決めたゴールぐらいの煮汁の量になればＯＫ。味見をしましょう。蓋をして蒸らし、上部もふっくらと火を通す。うーん説明が下手かも。

［下処理方法］
皮目に×の切れ目を入れる。フライパンに水、鯖、酒、酢、塩を入れ、沸騰したら弱火で白くなるまで茹でる。鯖をそっとバットに移し、茹で汁を捨てる。フライパンを綺麗に洗って、前述の方法で煮付ける。

「鶏団子と大根のお鍋」

夫と子供たちは車の修理に行ったので、１人で新宿に。なんというか都心に電車で行くというだけで、ドギマギしてしまう。

目的のお買い物が終わるとさっさと帰り道。本当はお茶でもしたかったけど、少し人あたりしてしまったみたい。自宅の最寄駅でコーヒーを飲みながら本を読んで、束の間の自由な時間を楽しんだ。

家の前で息子と夫が自転車の練習をしていたので、そのまま一緒にスーパーへ買い出しに。
寒くなると、毎日お鍋でも良いくらい。

［つくり方］
鶏ひき肉600gに6gの塩、卵1こ、片栗粉を混ぜて丸めて、小さくハサミで切った昆布を入れたお湯に酒を入れて茹でる。鶏団子を引き上げて、鍋に醤油。豆腐を煮て、温まったほどでまず食べる。ひらひらに切った大根を入れて、また塩やポン酢で食べる。そして鶏団子を入れて食べる。

「蒸ししゃぶ」

息子が幼稚園で度を越したふざけ方をしていたので、公園にも寄らず家に帰り、とつとつと話す。叱ると、こちらにもダメージがあるけども、そうも言っていられない。どこまで通じているのか不明だけど、根気強く真剣に向き合わなくてはと思う。同じことでも何度でも言わなければいけない。大人だって同じだものね。言われたこと忘れちゃうものね。

［つくり方］
ホットプレートにキャベツ丸々１こ千切り、舞茸、白ねぎ、残り野菜、日本酒、塩、牡蛎のオイル漬けの油を入れ、上に薄切りの豚肉を並べる。蓋をして、蒸ししゃぶ。
セルフで肉巻き野菜に。野菜炒めも良いけど、楽ちんで、豪華に見えます。

「牡蛎とサラミのチャウダー」

チャウダーは、衣をつけて揚げずに冷凍した牡蛎フライ、サルメリア69のサラミを細切り、カリフラワーと玉ねぎと牛乳を撹拌してベシャメルソースにしたものからつくりました。

すごく美味しくて、「モスバーガー」のクラムチャウダーのよう！　カリフラワーからつくるベシャメルソース（Ｐ２１５参照）、良いです。何日か前の私、ありがとう。

「肉うどん」

鰹、昆布、煮干しで濃いめに出汁を取り、玉ねぎ、白ねぎの薄切り。しめじ、舞茸を割いて入れ、塩、醤油、みりんで少ししょっぱめに味付け。牛こま切れ肉を入れて弱火で色が変わるまでさっと煮る。茹でたうどんを入れて、仕上げに青ねぎ、山椒をかけて食べる。神戸の味。娘がとてもよろこんだ。

「白いハンバーグ」


天気予報を見ると晴れ。

今日は急ぎの仕事もないし、三菱一号館美術館の印象派展でも見に行く?と息子に聞くと、東京国立博物館に行きたいと言う。最近出来た常設展がお気に入りなのだ。

それならばと母も誘って行くことにした。

湯島の甘味処でお弁当のような昼ご飯、わらびもちまで平らげてトーハクへ。

息子は仏像の部屋でいつも手を合わせる。そうするとおじいさんおばあさんに必ず声をかけられるから、なんだか恐縮してしまう。

この日はおじいさんに「ありがとう」と声をかけられてしまった。

［つくり方］
鶏むね肉と豚肉半々のあいびき、ニンジン、玉ねぎのみじん切り、パン粉、塩、卵、ナツメグを混ぜて成形し、焼く。つくねのようだけど、プリンとしたハンバーグ。真ん中にはチーズも入っています。

「ルーもフォンドボーも使わないビーフシチュー」

茹でこぼしたシチュー用牛すね肉500gに小麦粉、塩、胡椒。オイルで両面焼いて赤ワインと水で煮込む。

玉ねぎ、ニンジン、セロリの薄切りを炒めてトマト缶を入れ煮詰め、ハンドブレンダーでペーストにする。牛肉と合わせて90分煮込む。玉ねぎ1こ半、ニンジン2本半、セロリ¼本も使う。

最後の1時間でさらにくし切りにした玉ねぎ1こ、生のマッシュルームを追加。30分後、レンチンしたジャガイモ、オイスターソース、はちみつ、醤油、塩、バター。

ルーもドゥミグラスソースも使わないビーフシチュー。オイスターソースはフォンドボーの代わりです。

「カレーe xビーフシチュー」

昨日のビーフシチュー。つくっているそばから、息子がカレーパウダーを振ろうと試みていたので、今日はご希望通りカレーにつくり変えました。

余っていたビーフシチューに、薄切りの玉ねぎ1こをキツネ色になるまでソテーしたものを足して、カレーパウダーやスパイスを。

あとは息子がつくったキャベツの味噌汁と、キャベツの塩昆布あえ。ねぎ豆腐、少しの牛タンでした。

「クリスマスのパン詰めローストチキン」

夜ご飯は娘が雰囲気を出そうと部屋を真っ暗にしてキャンドルで演出。大人の私たちはもう視力が弱いから見えなくて、「テーブルのお料理が見えないよー」と苦情。クリスマスソングをかけてたら、「次はこの曲！」と全く関係のないリクエストソング大会になって楽しかった。ありがとうアレクサ。

多分今、子供のいる生活の中で黄金期なんだと思います。

［つくり方］
丸鶏は白ワインで表面と中を洗う。
詰め物はセロリの葉みじん切り、ニンニクのすりおろし、バターをあえたバゲット。付け合わせは大きい舞茸と、カリフラワー。ローストチキンが焼き上がった後に詰め物だけを抜いてトースターでカリッと焼く。チキンスープが染みた、ガーリックパン！

「スズキの塩締めとハーブ、オリーブオイルをかけたサラダ」

夫が娘に「さてはサンタクロースについて何か情報を得ているのか」と問いただしたところ白状。どうも去年から分かっていたらしい。良い頃合いだったと思う。

［つくり方］
スズキのサクに満遍なく塩を振って、キッチンペーパーで巻いておく。半日〜1日冷蔵庫で寝かせて、薄切りにしてハーブミックスとサラダに。オリーブオイルと白ワインビネガーをかけて、味付けはなし。

「しゃぶしゃぶ豚汁」

出汁で菜の花、スナップエンドウ、アスパラ、コールラビを煮て、味噌を溶き、最後に再沸騰させる時にしゃぶしゃぶ用の豚肉を入れる。肉で野菜を巻きながら食べると美味しい。時折、辛子醬油をつけてもいい。

「おせちづくり」

午後からはおせちづくり。

14時から18時半まで。2日でほとんどを仕上げる。母が来て一緒に作業。今年は買い出しがうまくいったのと、煮ダコをスープジャーでつくったのがなかなか良かった。あとは、サーモンのきずしをスモークサーモンに変更。いくつかつくるものをカットしただけでだいぶ違う。金柑の蜜煮、手綱こんにゃくを娘と息子が手伝ってくれた。

本当はもっと余裕を持ったスケジュールで一緒につくれれば良いのだけど。

「大晦日恒例のすき焼き」

朝起きて、焼き芋のポタージュをつくる。
焼き芋と牛乳と塩だけですごく甘かった。

去年のおせちの写真を印刷して、その通りに詰めていく。ガイドラインがあるだけで、ずいぶん盛り付けが楽になる。おすそ分けの分も無事お渡し出来て、ひと安心。
掃除を済ませ、義実家へ。

大晦日恒例のすき焼きを食べて、今この日記を書いている。
今年の反省もふり返りも、来年の抱負もたくさん書きたいけれど、まずは家族でゆっくり大晦日を過ごそうと思う。

年末のぎっくり腰

毎年10月の後半から、気持ちが重くなる。11月に入ると窓の外を眺めるようになり、現実逃避の段階に突入。いよいよ12月に入ると、もう逃げられないと腹を括り、良いも悪いも、好きか嫌いかも、やる気が出ても出なくても、何も考えずにただ淡々と仕事をこなす。

それに12月は家のことも忙しい。夫の誕生日、結婚記念日、クリスマス、お正月の準備、おせちの準備。プレゼントの準備、食事、飾り付け、そして片付け、また飾り付け。お金も労力ももう限界。1年の疲れにとどめを刺す12月なのである。

それに、まったく12月ときたら。何度ごちそうをつくり、食べれば良いのだろう。月末に近づくと、いいかげん大人は胃が重くなってくる。それでも、子供たちは内臓までも若く絶好調なのでイベント仕様のお肉を所望する。

何年か前のクリスマスのことだ。スーパーで、丸鶏1・5kgにワインや食材を買い込み、ショッピングバッグを持ち上げた途端、あっこれはダメだ、とすぐに悟った。じりじりと腰の周りが重くなり、真っ直ぐ立つことが出来ない。それでも何とかよちよち歩きで家に帰り、腰が曲がったまま、丸鶏に塩とオリーブオイルだけなすりつけて、オーブンに放り込んだ。いつもは鶏のお腹にする詰め物も省略。しかし、意外や意外。オイルと塩だけでもシンプルでとても美味しく感じた。怪我の功名とはまさしくこのことである。

素敵な暮らしを送っている人の本などを読むと、「わが家の恒例のクリスマス」というテーマで、美しい写真とともに心温まるエピソードが綴られていて、なんて美しいの、とうっとりする。こんな環境で育ったお子様は、きっと豊かな思い出を胸に大人になっていくのだろう。それなのに年末の私ときたら、やすりが必要なほど心がささくれ立っている。いつになったらゆったりとした気持ちで12月を楽しむことが出来るのだろうか。

やっともう終わり！と思うのは12月29日頃。おせちをつくり始めると「もうこれが最後だ…今年は、もうこれが最後……」と呪文のようにぜえぜえと唱えながら台所にこもる。

大晦日は早朝に起き、おせちをお重に詰めて、午後からは義実家に持っていき、そのままお泊まり。夜にはすき焼きを食べて、こたつで紅白を見る。一番良いところでよいしょと立ち上がり、年越しそばをつくって、もう今度こそおしまい。今年はもうおしまい、とにやりとする。

おせちはたっぷりつくるから、お正月が過ぎてもしばらくは食に困らない。そして、さすがに年明けは急ぎの仕事などはないから、「はあ、やっとこさ！」と、のんびり出来るのだ。

1月の料理

「おせち」

毎年恒例、5時に起きて、成田山新勝寺に初詣に行く。

何年か前、それはそれは笑ってしまうほどどんよりした年があった。思えば、もう年明けの時から暗く、ずっともがいて苦しんで、ひたすら時が経つのをじっと待つような1年だった。

その年が明けた元旦。早朝ぴんと冷たい空気の中、成田山に行き御護摩祈禱《おごまきとう》に参加した。

和尚様がお話をされ、目が合った私に計算問題を出された。何百人も参加されている人々の中で！　気合いを入れて一番前にいたものだから！　全く予想外のことに驚いて、しどろもどろに答えを言った。結局間違えてしまい、和尚様にそっとさりげなく訂正され、本当に本当に恥ずかしかった。しかしそこで大笑いして、なんだか厄が落ちたような清々しい気持ちになったのだった。

さて、今年1年どんな年になるのだろうか。

梅麩を入れるとおせちは急にロマンチック。

「おせちの残りでパスタ」

子供たちは義実家にしばらく滞在。家に帰っておせちの残りでパスタをつくる。海老の浸し出汁でパスタを茹でて、タコと牡蛎のソースにも海老の浸し出汁、タコの浸し出汁を使った。ひと口食べるごとに、ふう…とため息ついちゃうほどに美味しかった。

「おせちフライ」

夫が子供たちを迎えに義実家へ。その間、何をしようかなあと思っていたのに。気がついたらソファで眠っていて、目覚めたら部屋の中は真っ暗！急いでお風呂に入って、夜ご飯に家族全員で楽しみにしていた「おせちフライ」。毎年のお正月のハイライト。

どーんとバットに盛り付けると、娘が取り皿にどんどん取ってはキープしていくのがとても気になった。

八幡巻、伊達巻も！

高級串カツ屋さんみたいな、ひと手間仕事をしているフライが出来ちゃう。たっぷりお出汁を含んでいる里芋、金時ニンジン、蓮根。

フライのほかは、のり汁、なます、黒豆、たたきゴボウ。

「海苔ともち麦のしゃぶしゃぶ」

玄米ともち麦、緑豆を一緒に炊き込んで、ちびちび食べる。

味噌汁や、具だくさんスープにこれで十分。

［つくり方］

もち麦と昆布、ニンニクを煮て仕上げにバラ干し海苔。その出汁で白ねぎと豚肉、もちをしゃぶしゃぶ。練りごま、醤油、酢、ラー油、山椒のタレで食べた。

「鰹の生節のオリーブオイル漬け」

娘と息子が両親の家に行った。

絶好のチャンス。夫と『スパイダーマン：ノー・ウェイ・ホーム』を観に行く。

本当にスパイダーマンがずっと好きで良かった。大好き。もう一度観に行きたい。

そういえば、前作も続けざまに行ったのだった。何も書けない。何か言おうとすれば、まだ見てない人の邪魔になるから口をつぐんでおこう。

［食べ方］
鰹の生節のオリーブオイル漬けというものを買ったので、ざっと手で割いて、オリーブ、貝割れ大根とあえる。各自マヨネーズをつけて食べました。私は辛子マヨネーズ。

「七草粥」
「鶏とザーサイのあえもの」

直売所に行くと、おばあちゃんが「カリフラワーもう終わりかもねえ、畑にもそん

なにないよ」と言うので買っておく。菜の花が出ていたのでそれも。春が確実に近づいていることを感じる。

家に飾っている啓翁桜《けいおうざくら》もずっと水にさしていたら、芽吹いてきた。

今日は七草粥。家族みんな大好き。

「イケア」のランプフィッシュキャビアは、思いのほか、お粥によく合い美味しかったのだけど、娘に「お母さん、キャビアってどんな味なの？　これに似てるの？」と聞かれてドキッ！

夫に「キャビアの味を聞かれて、いつもあやふやな感じになっちゃう。食べたことあるような気もするけど、ちょびっとだし、それだって本物か分かんないし、1回瓶で買ってちゃんと食べようよ」と提案。こういうのって「経験」の類。

白粥を炊いて、すずな、すずしろは薄切り。ほかの七草はみじん切りして塩で揉み、水にさらしぎゅっと絞る。青くささがちょうど良く抜けます。しゃきしゃき感が好きだから七草はお粥の余熱で火を通します。

［献立］

七草粥・イケアのランプフィッシュキャビア・鰹と昆布の佃煮・梅干し・鶏とザーサイのあえもの（クリスマスのローストチキンの残りを冷凍していたものを解凍して、青ねぎのみじん切り、ナンプラー、ごま油で味つけ）・煮豆・蕪のぬか漬け

「牡蛎入り麻婆豆腐」

白ねぎ1本、ニンニクと生姜のみじん切り。油をひき弱火でじくじく。牡蛎を入れて両面焼いたら取り出しておく。あいびき肉を動かさず焼き付けて、醤油で塩味、味噌でコクを出し、オイスターソースで少し甘味付け。紹興酒を入れて、賽の目に切った豆腐を煮込む。水溶き片栗粉を入れとろみをつけて、牡蛎を戻してひと煮立ちしたら出来上がり。子供によそってから、豆板醤、山椒、ラー油。

「タコのリゾット」

お昼ご飯のタコのリゾットが絶品だった。赤ワインが決め手なのかしら。ジャスミンライスでつくるスープご飯も美味しい。長粒米はやはりスープ状のものと相性が良い。パスタ感覚でつくれます。お鍋一つだから、パスタより簡単かも。

［つくり方］

マカオで食べたのを思い出しながら。オリーブオイルでニン

ニク、セロリの葉を炒めて細かく切ったタコを入れ、トマトピューレ、トマトジュース、赤ワイン、水を入れてジャスミンライスも入れてたぷたぷの状態で15分煮て塩を振る。別に取っておいた茹でタコを、スライスして仕上げにのせる。余熱で温まるくらいに。お米はジャスミンライスの生米を使っている。

日本米の場合でも洗わず、あまりかき回さない方が良い。とりあえず好きな固さになるまで煮れば良いだけ。トマトはピューレでも、ジュースでも、生でも、缶詰でも。水分は煮ながら適当に足してスープ状を保って。混ぜすぎると、どろっとしやすいので適当に。本当は最後にパクチーも入れるのだけど、なかったので刻んだ蕪菜で。仕上げにオリーブオイルと胡椒。タコのうま味が最高です。

「なめコンソメ」

有賀薫さんのレシピ。溶かしたコンソメに、蕪のスライス、なめこを入れて、塩で味を整える。簡単美味しい！

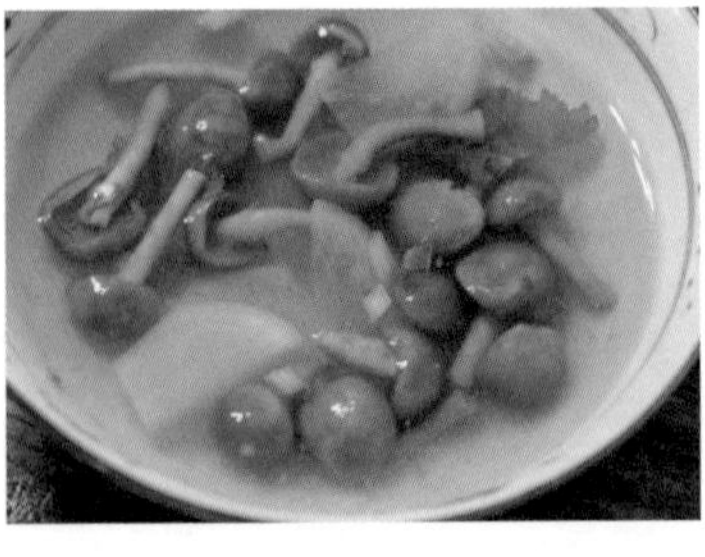

「豆煮込み」

ル・クルーゼで、潰したニンニク、ニンジン、玉ねぎの粗みじん切り、パセリをオリーブオイルで炒め、赤ワイン、トマトジュース、缶詰の赤いんげん豆、パルメザンチーズの端っこを加えて煮る。

お豆を煮ていると心が静かになる。

「サイゼのアレ」

しっかり塩水で青豆とスナップエンドウを茹でて、温泉卵、生ハム、パルメザンチーズにオリーブオイル。つくって分かる、パンチェッタの重要性。今度はちゃんと用意しよう。子供たち、みんな「サイゼリヤのアレだー！」と大よろこびだったので良かったです。

「玄米と緑豆、もち麦、肉団子の味噌おじや」

疲れ果てていたので、これだけで済む「おじや」。

鍋に冷凍していた玄米と緑豆、もち麦のご飯を入れてぐつぐつ煮る。ニンニク、生姜、大根の端っこや、白ねぎ、キノコ類も適当に入れて、鶏ももののひき肉をただぐるぐる混ぜてスプーンで鍋に落とす。肉団子が煮えてきたら味噌を溶かして出来上がり。

余っていた貝割れ大根もトッピング。

こういうのが美味しいのよ。

「ブリのアクアパッツァ風」

今日は大寒。

大寒はブリですよ！とでも言うように魚売り場がつくってあったから、フラフラとブリを買う。

蒸しブリにしようと思っていたのに、夕方から忙しく「今こそスープかけご飯！」とアクアパッツァ風に。余熱で火を入れたのでふわふわに仕上がりました。ケッパーを効かせてほんのり酸っぱいのがブリには良い。

部位があらのところだったので、出汁もよく出たみたい。

［つくり方］

ブリは結構あらの部分だったので塩をして、熱湯をかけて、鱗を取り、白ワインをまぶしておきました。

ニンニク2かけすりおろし、オリーブオイル、白菜、白ねぎ、ミニトマト、ケッパー、オリーブ、水を煮込んだら、下処理したブリを入れて蓋。3分ほど弱火で煮たら、火を止め余熱で火を通す。みじん切りにした春菊をばさっ。

蒸しブリのつもりで買ったけど、冷蔵庫とにらめっこ。鍋のために切っちゃった野菜を使う目的つくったけど、とっても美味しかったー!!

「秘密のバター牛しゃぶ」

久しぶりの病院。数値も良く、もう半年来なくていいとのこと!!病気が分かって12年、こんなに間が空くことは初めて！　嬉しい！　次の予約を取ったけど、その頃には息子も小学生。ああ未来。

バターでニンニクをじくじく炒める。

醤油をじゅっと焦がし、牛薄切り肉をそのバターでしゃぶしゃぶします。せいぜい

3枚程度。

1人で台所で立ったままパクリ。家族に見つからないように。

私の秘密のバター牛しゃぶです。

バターの中でとろとろレアに火が通った赤身肉が最高。たっぷり食べるものでもないので、つくる人の特権。

こういう秘密があると台所仕事は楽しい。


気が済んだら、舞茸と牛肉の炒め物をつくります。

あとは薬味たっぷりの甘海老、たらこと糸こんにゃく、豆腐と海苔の味噌汁でした。


「自由なおでん」


直売所にお野菜の買い出し。春が近づいている。

まだ献立を決めないままにスーパーに立ち寄り、大根があるのを思い出し、おでんにすることに。お肉を食べたくない気分だったけど、子供たちは欲しているだろうから、鰹節、昆布、スペアリブの骨で出汁を取り、具はソーセージ。

お揚げ巾着は、はんぺんをフープロで潰し、海老のみじん切り、カマンベールを混ぜたものや、おもちなどを入れて。

きっちり出汁を取ったおでんでなくてもOK。茹でこぼしたスペアリブなど、カオ

ス状態に具材を入れて、なんだかいけないことをする気分になり、ゾクゾクします。

全くノープランのおでんだったけど、なんだか自由な気分。おでん、もっと伸び伸びとつくるのが良いのでは？と思う。

「おでん2日目：白子巾着」

夕方、スーパーにお買い物。やってみたかった白子巾着のおでん。これは美味しい。先に湯通しした方が白子の臭みが綺麗に抜けます。もう2日目のおでんにはこれから絶対入れたい。出汁の邪魔もしません。美味しすぎます。

火を止めたお湯に白子をさっとくぐらせ、お揚げに春菊のみじん切りと一緒に入れて巾着にして煮ました。食べる時に柚子胡椒とポン酢をつけて。

やさしくトロトロ、めちゃめちゃに美味しかった！

結んだ青ねぎ、もち、トマトも足しました。

「厚揚げの漬け焼き」

厚揚げをサイコロ状に切る。味噌と砂糖と醤油で甘めのタレをつくり、ニンニクすりおろし1かけ分を入れる。それに厚揚げを3時間漬ける。

汁気を切り、グリルでカリッとするまで焼く。出来たての昨日も美味しかったけど、今日食べたら珍味みたい！

ねっとり……。

「さつまいもといぶりがっこ」

お店で食べてとても美味しかったから再現してみたくて。しかし、私がつくるといまひとつだった。

さつまいもを蒸して、茹で卵のみじん切り、いぶりがっこ、ヨーグルト、マヨネーズであえる。ちょっと中途半端な出来上がり。

「春菊ドッサリのたらこパスタ」

お昼につくったパスタ。
春菊ドッサリのたらこパスタ。山椒をたっぷり。これは良い。

［つくり方］
たらこ1腹をボウルに。ヘラで潰してペーストのようにしておく。春菊をざく切りにする。
フライパンにオリーブオイル大さじ2、ニンニク1かけすりおろしを入れ、弱火でじくじく熱する。色付いたら、バター10g、パスタの茹で汁とパスタをあえて程よく水気を飛ばす。たらこのボウルに全て入れて混ぜ、春菊をトッピング。山椒をかけて出来上がり。

「牛肉としまつご飯」

ひたすら午前中から撮影。忙しい1日だった。
そして、撮影が終わっても夕飯の準備。1日お料理していると、あまり食欲が湧かなかったけど、肉と漬物の混ぜご飯にしたら美味しいのなんのって。

子供の頃、両親の会社はお肉屋さんのそばにあって、忙しいとよく肉を買ってきてホットプレートで鉄板焼きをした。

〆ご飯は私がよくつくっていて、肉を焼いた後の鉄板にごま油かバターをひき、ニンニクをじくじく炒めて、

ご飯、鰹節、梅干し、胡椒たっぷり、醤油で味付けしたガーリックライスだった。

それにたっぷりの大根おろしとポン酢をかけて食べるのだ。

なんとなく懐かしくなって、思い出しながらつくってみた。

残り物大集合なのに、美味しすぎて、最後の1杯を巡り、夫と娘が喧嘩しました。

出汁を取った後に炒って醤油にあえた鰹出汁ガラ、ごま、ぬか漬けの小蕪と茎、梅干し、ニンニクチップ、

焼いた牛もも肉の角切りを混ぜご飯に。

鰹出汁ガラは鰹節でも良いですし、ぬか漬けがない場合は壬生菜《みぶな》漬け、すぐきなどの適当な漬物で試してみてくださいね。

チャーハンより軽くてこれは定番にしたい。鰹節の出汁ガラの醤油あえは本当に便利。

夕飯後はもう休憩しようとゆっくりヨガをする。体が伸びて気持ち良かった。

「豚のソテーとカリフラワーのベシャメルソース」

書いていた原稿。進んでいるような、それほど進んでいないような。それでも、ちょっとずつ書き溜めて、やっと完成させた。

と、ほっとしたのも束の間。どこかのショートカットキーを押してしまったのだろう。いっぺんに消えて、自動保存の表示が光る。白紙の保存がかかってしまった。真っ白なディスプレイを見て、放心する。そんなはずはない、と思うも修復しようがない。しばらく椅子から動けなかった。

こんな日もある。

［つくり方］
ポークソテーをバルサミコ酢で煮詰め、仕上げに塩とりんごジャムを混ぜたソースにカリフラワーベシャメルを合わせれば、味の重なりがたまらない一皿が出来ます。甘い、酸っぱい、クリーミー＆豚の脂！　黙々と取り合いになりました。

［カリフラワーベシャメル］
カリフラワー、玉ねぎをバターでソテー。水を少し入れて蒸し煮して、10分ほど経ったら水気を飛ばす。ブレンダーで潰して、ぽってりするまで牛乳を入れ、好みの固さに煮詰める。塩で味つけ。ナツメグを入れても良い。

「ちゃちゃっと春のリゾット」

息子は最近、「しぬのがこわいんだよ」と言う。『100万回生きたねこ』が大好きで何度も読んでほしいのに、死に結びつくような言葉は言い換えてくれとせがむ。ヨシタケシンスケさんの『このあと どうしちゃおう』も愛読しているから、どうしても死についての説明をせがまれ、いつかみんなそうなんだよ、と言うことしか出来ない。それにそんなこと私だって怖い。

とうとう今日「大丈夫よ。あなたは一生生きるから」と説得した。「いっしょう……」と息子はなぜか納得する。娘が「あーたしかにー」と笑っていたけど、言い方に頼ってしまった。ついずるい手を使ってしまう。

お昼は食欲がなかったのにリゾットを食べてなんだかスッキリ。

［つくり方］
冷凍していたご飯2膳分、菜の花、えんどう豆、春キャベツの千切り。バター15g、パルメザンチーズ20g、牛乳100㎖、塩少々をフライパンに入れて、汁気がなくなるまで煮詰める。
切り落としたサラミをふわっとのせて。豊かなミルクを目をつむって味わう。

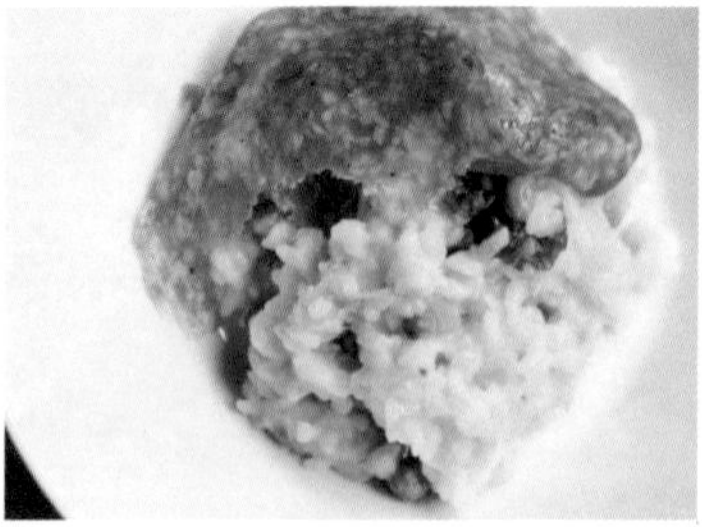

レンタルDVDショップの夜

最近、映画を見ようと思ったら、Amazonプライム・ビデオかディズニープラスを開き、予告編を見て決めるというのがお決まりのコースだ。全く不自由はなく、思い立ったらすぐにお目当ての映画が見れるから良いのだけど、レンタルDVDショップに行く時のあのちょっとした高揚感、懐かしくないですか?

あの頃、DVDパッケージの裏面を見て、また「『(500)日のサマー』のスタジオが送る」って書いてある！　また「『リトル・ミス・サンシャイン』のスタジオが送る」って書いてある！と探すのが好きだった。あと1本で1000円レンタル出来るよ。どれ借りる？　いつも賭けのような気持ちで一生懸命DVDを選んで。店員さんのおすすめコーナーも必ずチェックしていたっけ。

夕飯後、散歩がてらに行っては居座っちゃって、ついでにスタバでお茶して。その間に映画1本見れたよねって笑っていた。でも今は、あの夜がとても愛おしい。

1
『LIFE!』2013年・米

『LIFE!』は購入していつでも見られるようにしている。ああ、もう嫌だなあ、報われないなあ、もうどこかに行ってしまいたい。そんな時に、ソファに身を沈めて『LIFE!』を流しぼんやりしていると、私もあんな風にスケボーしたいなあ、画が広くて気持ちいいと思い、終わる頃には心がなだめられている。

生きているといろんな人に出会う。口先ばかりでえらそうな人、話を聞いているふりをして結局丸め込もうとする人。そんな人たちに抗うには、自分の信じている方法で、手のひらにある仕事をコツコツと全うすることではないか。

2

『ビフォア・サンセット』2004年・米

ビフォアシリーズの中でも、成熟した大人の恋愛が堪能出来るのが『ビフォア・サンセット』。イーサン・ホークのあんなピュアな視線に耐えられる人なんてこの世にいるの？　あんなにはにかんだ笑顔が似合う人がいる？と思うほど。ジュリー・デルピーも然り。ひたすらに魅力的。こんな2人が夕暮れのパリで再び恋に落ちるなんて、あまりに出来すぎた話。ただただスクリーンの前でうっとりしていた。『ビフォア・サンライズ』はあまりに眩しく、『ビフォア・ミッドナイト』はあまりに修羅（しかし胸が痛くなるほどラストは美しい）。ビフォアシリーズが私の人生と共にあったことは幸福の一つだ。

3

『スパイダーマン：ファー・フロム・ホーム』2019年・米

マーベルは全部大好きなので、どれか一つを選ぼうと思うと選べない。『アイアンマン』かなあ…『マイティ・ソー バトルロイヤル』、ロキ好き。うーんやっぱり『アベンジャーズ／エンドゲーム』……。しかし『スパイダーマン：ファー・フロム・ホーム』はピーターとMJのキュートな恋物語もきゅんとしちゃうし、なんといってもジェイク・ギレンホールなのだ。ああ！　もう！　なんと憎たらしいほどミステリオ！　本当に悪い。ジェイク・ギレンホールはもはや違う映画を見ていても、いつキレてしまうのだろうと思って緊張してしまう。『ナイトクローラー』も怖かったし、『雨の日は会えない、晴れた日は君を想う』もずっとドキドキしながら見ていた。どちらも名作なのは間違いないのだけれど。

4

「THIS IS US」2016-2022年・米

こちらは映画ではなく、アメリカドラマ。シーズン1をNHKでたまたま見て、それからはもうすっかり夢中に。終わるのが怖くてゆっくりゆっくり見た。

　ピアソン夫妻と三つ子の子供たちの物語。若かりし頃のピアソン夫婦の出会いから、子供たちの誕生、育児、そして現在の三つ子が大人になった時代と、時を行ったり来たりしながらストーリーは進んでいく。どれだけ家族の関係が良好だとしても、それが無条件に続くわけではない。誰しもがその時々によって問題を抱えているのだ。

　仕事がうまくいかなかったり、恋愛がうまくいかなかったり、大人になったらなんでも家族に打ち明けられるわけでもない。母の気持ちで、娘の気持ちで、何度も涙を流しながら見続けた。

　夢中になったアメリカのテレビドラマといえば「マーベラス・ミセス・メイゼル」も素晴らしく、私は日本のメイゼルは作家の柚木麻子先生ではないかと思っている。

5
『イル・ポスティーノ』１９９４年・伊仏

『イル・ポスティーノ』を映画館で見たのは中学生の時だった。もうおいおい泣いて、帰りの電車でも泣いて、パンフレットを読んでは泣いて。いつか、美しいあの島に行き、青く輝く海を見たいと思いながらずいぶん時間が経ってしまった。

　マリオの「詩は書いた人間のものではない、必要な人のものだ」というセリフがずっと私の中に残っている。私は、レシピを書く時に、いつもこのマリオの言葉を思い出すのだ。

　レシピは世に放った瞬間にもう私のものではなくなると考えている。誰かの人生にこのレシピが届くなら。これは「私のためのレシピ」と思ってもらえるのなら。それは、なによりこの仕事のあるべき姿であり、希望である。

2月の料理

「サラミとえんどう豆の炊き込みご飯」

お昼ご飯。まだまだサラミとえんどう豆が冷蔵庫にある。使い切りたくてバスマティライス、ミニトマトと一緒に炊き込みご飯にした。日本米の炊き込みご飯のように、お米1合につき塩小さじ½、酒大さじ1、水1カップ。ちょっぴり固めの仕上がりだけど、何も考えずに手軽に出来る。つくり置きしていた茹で卵の塩漬けと一緒に。

娘がオンライン授業で、お腹が空くのでパッと食べられるものを。

午後から、編集者のTさんがいらっしゃる。夫も交えて、色んな段取りや、私の抜けているところをリストアップしてくださった。こちらも大詰め。なんだかドキドキしてきた。

「トマトハンバーグ」

鶏と豚のあいびき肉があったのでミートソースにしようと思いつくりかけていたら、息子がハンバーグが良いと言う。

仕方がない、ひき肉とトマトジュースと塩を混ぜていたけども、無理矢理ヘラでフライパンの中で成型して、両面じっくり弱火で焼く。仕上げにブルーチーズとマッシュルーム。力業で仕上げたけど、これは、すごく良い。ほろほろのパティ。

今日は節分。

「お父さんなんでしょ！　お父さんなんでしょ⁉」と息子が鬼に扮した夫に豆を投げつける。

息子の豆がなくなったのを見計らって、実はもう一枚あった鬼のお面を私がかぶり息子の前に現れたら、パニックに陥ってしまいパンチをされた。父鬼は、家から閉め出され、チェーンまでかけられてしまっていた。

「海苔フレークのサラダ」

「初摘み海苔のうまみフレーク」の袋に溜まった粉をいじらしくサラダに。合羽橋にある「ぬま田海苔」が美味しくてお気に入り。海苔フレークは色んな味があるし、焼きおにぎりも絶品。そして肝心の海苔は最高級のぜいたくな味。脇役でなく主役の存在感です。

「イカと生海苔のふわふわ揚げ」

ヤリイカの一夜干し小4枚(200g)、生海苔(焼き海苔でも)大さじ1、ニンニク1かけ、片栗粉大さじ2、卵1こ。フープロで潰して、揚げ焼き。一夜干しでもすり身揚げが出来ちゃった! ふわふわしゅんとして、豆腐揚げに近いかも。ぷりっとしたイカ団子とは違うけど、ありでした。

「ブロッコリーとイカわたのソテー」

息子は、午前保育のみ。送ったらすぐにお迎え。それでも1時間くらいはやっと1人の時間が確保出来た。ぼんやりしたい気持ちと、すぐに仕事にかからなくてはいけないのと。

幼稚園にお迎えに行くと、息子に「こんなに寒いのにプールに行くのはちょっと変だと思う」と言われ、まあそうだよね、と休むことにする。そのロジックであれば、2月は休会にすれば良かった、あーあ。

スルメイカを1杯買ったので、ワタ（塩を振って水気を取る）とゲソはブロッコリーとソテー。

ブロッコリー大½こを小房に分け、芯は皮をむいてスライス。ニンニク2かけスライスをオリーブオイルでジクジク。芯とブロッコリー、ワタも入れて少し放っておきます。塩を軽く振って、白ワインを入れ、蓋をして蒸して、最後にゲソをあえて出来上がり。唐辛子を入れたり、マヨネーズを入れても美味しいと思います。

「アボカドとわかめのナムル」

［材料］
アボカド　1こ

わかめ（刺身用）　30ｇ
醬油　小さじ2
ごま油　小さじ2
青ねぎ　適量（小口切り）

［つくり方］
アボカドの皮をむき、種をはずし、2㎝角に切る。わかめはざく切りにして器に盛り付け、アボカドをのせざっとあえる。青ねぎをのせ、醬油とごま油をかけて完成。

「海藻たらこガーリックオイル」

ご近所の公園で、ふきのとうを今年も子供たちと摘ませていただきました。
春が来るよってお知らせをくれるふきのとう。美しい緑色、意思のある強い香り。
あと少しでピンクの春がやってくる。

［つくり方］
フライパンにオリーブオイル大さじ2、ニンニク2かけすりおろしを入れてカリカリに

なるまで弱火で熱し、バター20g、生海苔大さじ2を入れて弱めの中火に切り替え、オイルの縁が黄金色になるまで水気を飛ばしながら炒めます。最後に火を止め、たらこ1腹を入れて手早くぐるぐると混ぜます。

パンや蒸したジャガイモにぜひ！

ガーリックフランス、明太フランスが好きな人ならお好きなお味です。明太子でも。たらこをフライパンに入れる時はほぐすか、皮に切れ目を入れてくださいね。塩気はたらこを入れた後、味見してください。パスタソースにもなります。

「もやしジャガイモタッカルビ」

もやしと蒸しジャガイモをごま油とコチュジャンで炒め、とろけるチーズを入れて溶けたらチキンソテーに添える。ちょっぴり風変わり。娘が韓国のアーティストが好きで、話を聞いていたらそういうものをつくりたくなった。

「タコと里芋のパセリガーリックオイル」

とっても良いレシピができました！　オリーブオイルでニンニクすりおろし、パセリみじん切りをソテー。バターを足し、皮ごと600Wで7分レンチンして皮をむいて切った里芋を入れる。切った茹でダコを入れ、全体に強めの塩。タコは温まる程度で火を消す。

「もやしのニンニクごま油ご飯」

お米3合、酒大さじ1と½、塩小さじ1と½、ニンニク1かけすりおろし、水3合分、適当にポキポキ折ったもやし1袋、ごま油小さじ1と½をもやしに向かってかけ、普通に炊きます。

胡椒やコチュジャンも合うし、焼肉で巻いて食べるとたまりません！

ステーキ屋さんのガーリックライスのような風味で、するする食べられちゃいます。

お肉の献立を底上げしますよ。

今日は、ハツ、ミノ、レバーの焼肉でした。新玉ねぎの胡椒塩漬けをたっぷりのせて。

「紫キャベツのチーズ炒め」

夫がバレンタインにつくってくれたブラウニーが美味しい。ブラウニーなのかしらと思うくらいのねっちり感に、煎った落花生の香ばしさと歯触り。表面はシュトーレンのようにカリッとしている。「ナッツぎっしりたしかな満足」と夫が言うので笑ってしまう。

夜、子供たちが寝た後、薄ーく切って齧って、紅茶を淹れて、『さらば愛しきアウトロー』を見る。ダニー・グローヴァー、トム・ウェイツも出てた！　良い風な話かと思いきや、そういうものでもなく、それも良かったです。

［つくり方］
半端に余らせていた紫キャベツと、またまた半端に余っていたブリーチーズを一緒に炒めて、塩を振ってはちみつを垂らした。多分、フレンチマスタードなんか入れるともっと良いかも。

「ジャスミンライスおじや」

また息子とふきのとうを摘んだ。「ああいいにおいー」と言うけど、あなたは食べないよねえ。娘もふきのとう、のびるをハーブ園で摘むのが好きだったなあ。流しにふきのとうを置いておいたら、夫が大よろこび。この家で一番好きなのは夫です。

［つくり方］
米は洗わなくて良いし、ざく切り野菜、ニンニク、トマトジュースを入れて適当に肉や貝、魚や缶詰。今日は牡蛎、ソーセージ、大根、エリンギ、白菜を入れました。塩で味つけ。

「焼き芋のわさび漬け、生ハム巻き」
ねっとり系の焼き芋の皮をむき、ちょこんとわさび漬けをのせ、生ハムで巻きます。これはとっても美味しかった！　良いおつまみ。

「卵野菜ピザ」

キャベツの千切りに、ブロッコリーのみじん切り、卵3こと塩を混ぜて、オイルを塗った耐熱皿へ。シュレッドチーズ、スライストマトをのせて、トースターで焦げ目が付くまで焼く。ピザとキッシュの間のよう。野菜が豊富なのに子供たちに好評でした。

「鶏鍋とミントだれ」

お雛様をやっと出す。うちはお雛様は男性陣が飾ってくれる。娘は元より息子もいつも楽しみにしている。

［つくり方］
水炊き用骨付き鶏肉600gを一度茹でこぼし、昆布と1時間茹で、途中で角切りのジャガイモを入れる。バターを小指の先ほど入れ、塩で味付け。豆腐を入れ、温まったら先に豆腐だけ塩とレモンで食べる。葉付きセロリ1本と白ねぎは千切り、ひと口大に切ったもちを入れながら、ミントだれで食べる。後から何度も思い出してしまうほど美味！

［ミントだれ］
スイートチリソース、醤油を各大さじ1ずつ、ペパーミントのみじん切りを混ぜます。驚くほど鶏肉に合う。少しタレが溶けたおつゆもすごく美味しい。鶏肉はほろほろ。野菜のシャキシャキ感と溶けていくおもち。すごく美味しかったです。

「夫がつくる夜ご飯」

［夫作の献立］
・イイダコとアスパラとねぎのぬた・しらすの卵焼き・鯛のお刺身・ポークリエットとレタス・白菜の味噌汁

全部美味しかった。素敵なメニュー構成。

「トマトご飯」

お米4合、トマト2こを丸のまま、塩小さじ1、醤油大さじ2、酒大さじ1、昆布1枚。
普通の水加減で炊いてください。
洋風のおかずには野菜1種類だけの炊き込みご飯を合わせるのが好きです。

「ホッケの干物のハーブソテー」

潰したニンニク2かけ、エリンギ、フライパンの端にホッケの干物を皮を下にして並べ、皮がカリカリになるように多めのオリーブオイルでじっくり弱火で火を通す。タイム、ローズマリー、ディルを入れ、ホッケを裏返し、白ワインを¼カップほど入れる。アルコールを飛ばす。
エリンギにだけ、塩してくださいね！

「ふきのとうのフライ」

息子を幼稚園に送った後に、久しぶりに買い物。冷蔵庫の中のものだけでやりくりしていたから、ついつい目移りしちゃう。

牛ヒレ肉が安くて、鰯も安くて、もう良いや金曜日だし、ぜいたくぜいたく、と両方購入。帰ってすぐに鰯をさばいたら、買った鰯全てが子持ち。なんだか命に申し訳なくて、全てお煮付けにしました。

［つくり方］
ふきのとうに小麦粉を満遍なくはたき、小麦粉と卵と牛乳を混ぜたバッター液にくぐらせパン粉で衣づけ。裏返しながら揚げる。
中濃ソースとマヨネーズ。塩とレモン。
サクッとした衣の香ばしさと甘味、後にくるふきのとうの苦味と香り。ふきのとうスナックです。最高の春の味！

「アスパラのナムル」

1日中撮影。
それ以外はゆっくり。
仕事をしながら、インド映画『ピザ！』を見る。もう、子供たちの姿に切なくて。
ラストはかわいかった。ドーサが食べたくなりました。

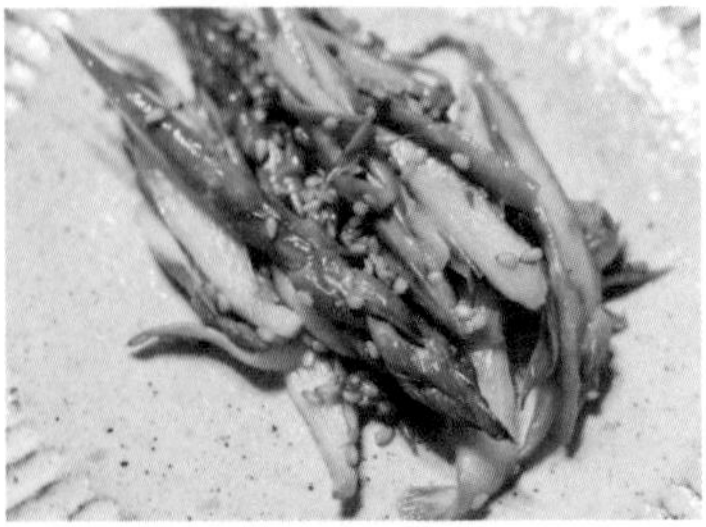

［つくり方］
アスパラを斜めに薄切り、さっと塩茹でして、ごま油、薄口醤油、ごま。噛むたびにじゅわじゅわアスパラのエキスが出る。

「味噌ポトフ」

骨付き鶏肉６００gをぶつ切りにして一度茹でこぼす。ひたひたの水、皮をむいて角切りにしたジャガイモ大２こ、ぶつ切りにした白ねぎ4本と鍋に入れて蓋をせず弱火でコトコト。味噌で塩味を感じるくらいに味付けして、青ねぎのみじん切りをドサッと。鍋ごと食卓に。各自マスタードや柚子胡椒、豆板醤をつけて食べる。煮込む時にニンニクを入れても良さそう。

「ホタテのなめろう風」

ホタテを親指の先ほどの大きさに切り、出汁ガラ昆布のみじん切り、薄口醤油をあ

えて、30分ほど置く。出汁ガラがなかったら、塩昆布でも。青ねぎや大葉のみじん切りを合わせて！

ご飯泥棒！　ねっとり美味しい。わさびを効かせても。

「牛肉と豆苗、ぬか漬けの混ぜご飯」

雨が続いて買い物に全然行けていない。

どんよりしてなんだかやる気も出ない。こんな日はドンとご飯もの。

冷凍庫を漁って、牛肉の切り落とし200g程度を見つける。解凍して、豆苗と一緒に醤油で炒める。ぬか床の大根と白菜の古漬けを出して細かく刻んでご飯に混ぜて酢飯のように。炒めた牛肉をのせたら出来上がり。これと卵のおつゆだけで、夜ご飯。

「ズッキーニの豚汁」

ぴかぴかの晴れ。娘の英検の試験の付き添い。早起きして送る。

早起きは三文の徳と言うけれど、気になっていたお店でコーヒーを飲み、肉まんを買って、娘をお迎えに行って、ランチして、本屋さんで本を買って、まだ13時だった。すごい！
「ラ・ヴィエイユ・フランス」でクリームブリオッシュと焼き菓子を買って、家の掃除をして、銭湯に行く。まだ15時。

銭湯のジェットバスがすごい。立っていられないくらいの噴射。お腹や太ももがかゆいくらいにぶるぶるする。お湯の中で踏ん張って立っているだけで「私は一体何をしているのだろう」と、愉快な気持ちになる。そのコーナーに行ったら、いつものおばさんがアクロバティックな体勢でぶるぶるしていた。ジェットの噴射口は固定されているから、自分が動かなくてはならないのだ。良いなあ、良いなあ、将来絶対に銭湯の近くに住みたい。娘とゆっくりお喋りして楽しかった。

季節外れのズッキーニ。
新玉ねぎと豚肉、ズッキーニの輪切りを蒸し煮して、豚汁に。

「鶏の肩肉と牡蛎の焼きそば風しらたき」

娘は先週から引き続きテスト勉強。
息子と図書館に行き、帰りにケーキ屋さん。買い出しもする。

ここ数日どうしても牡蛎の入った焼きそばを食べたかったのだけど、お昼ご飯がパスタだったので、夜も麺類はどうかなと思い、しらたきでつくってみた。なかなか悪くなかったです。

しらたきをよくから煎りして、鶏の肩肉、キャベツと炒めてソース。最後に牡蛎をフライパンの端で焼いて加える。仕上げに青ねぎをたっぷりかける。


「豚すね肉のビール煮、マッシュポテト、パスタ」


この日は疲労困憊で、そんな日につくったご飯はぼんやりした味でした。

豚すね肉に小麦粉をはたき、たっぷりのバターで焼く。薄切りにした玉ねぎ2ことー緒に水分がなくなるまで蒸し煮して、最後は焦がしていくように炒める。潰したニンニク、ビール、水をひたひたになるまで入れて、ローリエ。弱火でとろとろと煮た。少しトマトピューレを入れると味が締まった。

茹でたパスタ、マッシュポテトとで一皿ご飯。

「ふきのとうのオイル焼き」

家の前で摘んだふきのとうをたっぷりのオリーブオイルで焼いて、生ハムとパクリ。オイルがじゅわりと溢れ、苦味とちょうど良い。春の訪れを告げる味。

昔の曲ばかり

息子の出産の時、「かけたい音楽はありますか?」と助産師さんに聞かれた。思いもよらず準備もしていなかったため、車に積んであったベン・フォールズのアルバム『Songs for Silverman』を夫が急遽取りに行き、かけてもらった。「Jesusland」は私にとっていきみ逃しの曲である。今でも聴くと、ふぅーと息を細く長く吐き出したくなってしまう。

音楽をかけると思い出も蘇るから、ついつい昔から好きだった曲ばかり聴いてしまう。新しいものも知りたいのだけど、馴染みのイントロが流れると、体も心も自然に揺れる。

1

Ben Folds『Way to Normal』2008年・米

ベン・フォールズは出たアルバムは全て購入し、来日すると必ずライブに行っている。私がずっとずっと好きで活動し続けている数少ないアーティストだ。

1曲目の「Hiroshima」は、ベンが広島のステージから落下して頭を打って血だらけになったという実体験を基に歌詞が書かれている。ユーモラスなのにかっこ良いピアノロック。小さい時の娘はかけ声のところだけよく一緒に歌ってくれた。特に大好きな曲は「Effington」。ライブで見た時の、イントロからどんどん盛り上がっていく高揚感。今でもあのステージの照明も景色も忘れられない。

2

Ben Folds Five『Ben Folds Five』1995年・米

14歳の私は、ラジオから流れてきた「Jackson

Canner y」を聞き、すぐさまメモをして、その足で神戸元町のBALにあったヴァージン・メガストアに行き、ベン・フォールズ・ファイブのファーストアルバムを買った。1曲目の「Jackson Cannery」からラストソングの「Boxing」まで今でもそらで歌えるし（しかも夫も）、月に一度はこのアルバムを聴いている。ベン・フォールズ・ファイブの話をすると、「ああロンバケの！」と言われるのが少し悔しい。

3
Primal Scream『Give Out But Don't Give Up』1994年・英

13歳の冬、阪神・淡路大震災で被災した。避難所に行くのに、何を持って逃げたら良いのか分からず、よく聴いていたCDとCDウォークマンを持って逃げた。今考えても、とても良い選択をしたと思う。「Rocks」なんて、TVで今でもかかることがあるから、にやりとする。

20歳頃だっただろうか。大阪ミナミのアメリカ村で、「ペン持ってないですか⁉」と若い女の子に声をかけられた。見ると彼女の横に所在なさげにヴォーカルのボビー・ギレスピーがいた。ペンを貸し、ボビーは私の持っていた焼き芋の紙袋にもついでにサインをしてくれた。あまりに現実味がなく、夢だったのかもしれないと時々思い出す。

4
The Black Crowes『The Southern Harmony And Musical Companion』1992年・米

先日、娘に「お母さんも『推し』が活動休止になったりしたことがある？」と聞かれた。なんでも大好きな「推し」が、活動休止だそうだ。「あるある。逮捕されてたり、兄弟喧嘩でいつの間にか活動休止になってたり。しかも音楽雑誌にしか情報がないから、知った時にはもう古い話だし」と答えたら「そういうことじゃないんだよねえ……」と言われてしまった。音楽業界の兄弟喧嘩といえばギャラガー兄弟が有名だけど、私はいつもロビンソン兄弟にやきもきしていた。

このアルバムも震災の時に持って逃げた2枚のうちの1枚。先日41歳にして初めて、ブラック・クロウズのワンマンライブに1人で行った。彼らも歳を取り、仲直りしてくれたおかげだ。

5

Supergrass『I Should Coco』1995年・英

深夜のラジオで流れてきた「Mansize Rooster」に衝撃を受けて、ＰＶを何度も一時停止しては凝視してため息をついて、スーパーグラスがいるからオックスフォードに留学したいと言い（大学ではない）、親に叱られたほど。キラキラしていて、かっこ良くて、かわいくて、ユーモアがあって。熱に浮かされたように夢中になっていた。

子供を幼稚園に送った帰り道、このアルバムをかけてイヤホンで聴きながら家に帰る。ぴょんぴょん跳ねるように歩いていると、ささいな心配事を忘れて、音楽を聴くだけでただただ幸せだったティーンネイジャーの頃の自分を思い出す。

3月の料理

「ジャガイモ青豆ホタルイカ」

ぴかぴかの晴れの日、自宅で打ち合わせを。楽しい時間で、ありがたくって、夢見心地でした。

生活というものについて、考える。
私は合間の時間が好きなのかもしれない。小休憩。少しのお散歩。食後のお茶。

たっぷりのオリーブオイルでひと口大の新ジャガを焼き、すりおろしたニンニク、えんどう豆を入れて、下処理したホタルイカ。塩で味を整える。本当はそら豆でつくるレシピ。
新ジャガは皮つきのままで良い。みずみずしいけれど印象的な春の味。

「鶏団子とアスパラのスープ」

鍋に水、昆布を入れ、沸かして火を消す。鶏むねひき肉200g、水切りした絹豆腐½丁（150g）、片栗粉大さじ1、塩小さじ½をよーく練って、大きいお団子に。鍋にそおっと入れる。お酒をちょろっと出汁に入れる。弱火で15分ほどやさしく煮て、最後にアスパラの薄切りを入れ、5分ほど煮る。最後に味見して塩で調整。

ちゅるふわ食感の肉団子にびっくり。ボリュームたっぷりで大満足。しゃきしゃきアスパラや、出汁がものすごく美味しい！

「スズキの昆布締めとマグロのちらし寿司」

お雛祭り。おやつの時間。

「今日は女の子のお祝いの日なんだからね、だからお姉ちゃんの方がおやつ多くて良いよね〜」と娘が言うと、息子がお雛様の前に走っていって地団駄を踏みながら、「いるじゃん！　おとこのひとだってたくさんいるじゃん！」と怒っていた。

姉は5月5日には「こどもの日なんだからね！」と主張するだろう。

夜『アマンダと僕』を見る。悲しみ、再生の物語。アマンダの表情が忘れられない。爽やかな良い映画だった。

［つくり方］
スズキは薄く切って昆布で挟み、冷蔵庫で半日締める。マグロ、さっと茹でた菜の花、角切りしたアボカドと一緒に酢飯にちらして出来上がり。

「ハマグリと大根のおすまし」

昆布出汁で大根を柔らかくなるまで茹で、ハマグリと酒を入れたら、貝が開くまで待つ。
塩とみりんで味を整える。

「芽キャベツとマッシュルームのハニーゴルゴンゾーラ」

午前中にZoomで打ち合わせ。
少しドキドキする案件。家を片付けなくてはと思う。リビングを見渡す。なんで、家ってすぐぐちゃぐちゃになるのだろう……。子供がいても綺麗なおうちって本当、どうなってるの?と思ってしまう。わが家は撮影時、納戸と2階に物を一時避難スタイルです。

[つくり方]
芽キャベツとマッシュルームをじっくり焼いて、ゴルゴンゾーラピカンテを入れて溶けるまでざっとあえていく。仕上げにはちみつ。

「鶏むね肉と新ジャガ、新玉ねぎのケチャップ炒め」

水にさらして拭いた新ジャガを大さじ2くらいの油でカリッと焼き上げ、新玉ねぎ、薄切りニンニクを入れ、削ぎ切りして塩と片栗粉をまぶした鶏むね肉1枚も入れて炒め、紹興酒小さじ1、オイスターソースとケチャップ小さじ2ずつで味付け。最後に塩で味の調整。
子供に大人気!

「セロリとクリームチーズのオムレツ」

明日の卒園式で履くはずのパンプスが届かない。朝から何回も追跡番号で状況を確認するも「配達中」の表示。どうせ園舎ではスリッパだし、園庭で誰も私のことなんか見ないし、まあ良いかと諦めた夜に届く。

［つくり方］
薄切りセロリをオリーブオイルで炒め、クリームチーズをところどころに落とし、溶いた卵（3こ）と塩を混ぜてオムレツに。生ハムをちらして。アボカドを入れてスパニッシュ風にしても良いかも。

「ステーキ　菜の花を添えて」

卒園式。歌を！　ちゃんと歌ってる！　お祈りの時に目をつぶってる！　成長……。合奏でもシンバル叩いてる……。すごい！　泣いちゃうかしらと思いながら出席したのに、息子の姿に頬がゆるむ。時が経ったのだなあ。

息子は息子らしく生きていけば良い。

お昼ご飯は、母にも来てもらい、ご近所でお寿司を食べて、そのまま家の留守番を頼み、明日の撮影の買い出しに方々を回る。

夜はごちそうにするつもりが時間がなく、ステーキで。菜の花とジャガイモは別のフライパンでどちらも素揚げのようにパリッとするまでじっくりオイル焼き。ソースは、バルサミコ酢、マーマレード、醤油です。菜の花は軽く焦げるほどが美味しい。ジャガイモには余っていたクリームチーズを添えて。

味噌汁は干しキノコとパセリです。


「トマトと海苔の味噌汁」

海苔とトマトをお湯で煮て味噌を溶かす。出汁をひいてないけどこってりのおかずにはちょうど良い。それに海苔とトマトからもうま味を感じられます。仕上げに青ねぎをかけて。

「アスパラのふわふわスープ」

大雨。デッキを眺めていたら、汚れていたのに雨で綺麗になっている。よしよし。なんて思っていたら、バリバリと雷の音。怖くて日中は寝込むことに決める。

夕方、ぴっかりと雨が上がったので図書館に行き、「ラ・ヴィエイユ・フランス」でケーキを買う。バレンタインに夫がお菓子をつくってくれたので、ホワイトデーに夜2人で映画を観ながら食べるため。スパイスとハーブをたっぷり入れたミルクティーを淹れて『バードマン』を見た。

［材料］（4人分）
アスパラ　3本
はんぺん　1枚
塩　小さじ¼
片栗粉　小さじ½
水　500mℓ
昆布　5cm角1枚

［つくり方］
鍋に水、昆布を入れる。沸騰したら火を消しておく。
はんぺんをボウルに入れて潰しながら片栗粉を混ぜる。アスパ

ラを2cm程度の長さに切る。鍋から昆布を取り出し、はんぺんを入れてひと煮立ちさせる。アスパラを入れ、1分ほど静かに煮て、塩で味付けを。お好みで、おろし生姜、黒胡椒を入れても。

「お母さん、すっごく美味しい、お母さん」と、娘から五七五いただきました。

「ねぎトロに蕪の塩揉み」

今日の夜ご飯は自分のためだけにつくろうと張り切っていました。

夫と子供たちはお墓掃除。私は残っている仕事があったので、お留守番。たまには楽しちゃおうと、お刺身などを買い出しに。ついでに自転車に乗って遠くのパン屋さんにも。

仕事をしてお風呂にゆっくり入って、上がったらビールとねぎトロ……お腹に余裕があったら、お肉も炙っちゃお……なんて思案していたら、家族がお腹を空かして帰って来た。えーっ、ご飯、うちで食べるんだったのね。

自分のためのおつまみに、蕪を薄切りにして塩揉み。水気を絞って、ねぎトロをの

せる。かさ増し成功。ちょっぴりわさび醤油に付けながら、海苔で巻いて食べました。ねぎトロは、ちょこちょことしか分け合えなかったけど、みんなで美味しいねえと言いながら食べるご飯の時間。もちろん、それはそれで幸せ。

「今井家の常夜鍋」

娘はお友達と遊ぶ予定、夫は仕事。

夫に途中まで送ってもらい、息子と2人で六本木のミッドタウンへ。

息子は上野に行きたがっていたけど、そこまでの時間がなく「2121年 Futures In-Sight」展へ。車に乗って未来へ行ったり、真っ暗な部屋に自然の音だけ鳴り響いていたりと体験型の展示でした。

「みらいのことかんがえるとこわくなっちゃうんだよ。しぬこととかかんがえちゃうんだよ」と息子が言うので、「わかるわかる！　明日のこと考えても怖くないのに、すごく先のこととかちょっと怖いよね！」と話す。

健康でいなくちゃ。

［つくり方］
鍋の出汁は、ニンニクスライス、昆布、塩、酒。一番の特徴は、

ほうれん草を先にさっと茹でておくこと。アクが抜けて食べやすくなります。白ねぎの細切りもたっぷり。豚肉は肩ロースの薄切り。豆腐はスターターで先に塩で食べます。タレは、辛子醤油。ポン酢。練りごま、醤油、山椒油、豆板醤。各自、ご自由にどうぞ。子供たちは鍋出汁にちょっぴりお塩がお気に入り。

「豚肉とクリームチーズのパン粉焼き」

「あーあ、ひまだなあ。さみしいなあ。かなしいなあ」と息子が言うので、幼稚園の後に毎日行っていた公園に行くことに。
「だれかいるかな?」と言うので、じゃあ幼稚園まで行ってみようと向かう。幼稚園に入ると先生方が迎えてくださって、照れる息子。本当は先生に会いたくて仕方がなかったのに、いざ会うともじもじしちゃう。

3年間、愛情を溢れるほど注いでくださった幼稚園の先生方。子供たちの存在そのものを祝福してくれるような場所でした。親がついつい怒ったり悩んだり、それ自体も丸ごと受け入れて浄化してくださるような日々でした。

疲れてしまって、お米を精米して研いで炊く元気がなくパスタに。

消費期限が今日までの生姜焼き用の豚肉を使わなきゃいけないけれど何も浮かばず、こちらも賞味期限が気になるクリームチーズと重ねてオーブン焼き。パン粉にパセリとニンニク、オリーブオイルを混ぜてかける。

「そぼろ素麺」

夕方からマッサージ。「中国料理は、色、味、香り」という話を教えてもらいながら施術を受ける。泡菜のつくり方や干し肉の話をする。「今井さん、今日来たのラッキーよ」とおっしゃるので何かなと思っていたら、オーナーの故郷から送られてきたという自家製の干し肉と腸詰を帰りにいただいてしまった！　ラベンダーと陳皮で何日もかけて燻すのだそう。前から食べてみたいと話していて、まさか口に出来るとは……嬉しすぎる…！　日にちはかけられないけれど、ラベンダーでお肉を燻すのは、今度やってみたい。

［つくり方］
豚肉と鶏むね肉のあいびき200gに、日本酒大さじ2、水大さじ2、ナンプラー大さじ3を入れてお肉の色が変わるまで火を通せばそぼろの出来上がり。これがすごく美味しい。熱い汁ごと、冷たい素麺にかける。後半、ふき味噌を混ぜて食べると、さらに最高でした。

「鰹のタルタル」

とっても美味しい鰹のタルタル。バゲットに合わせても最高だし、ちょびっと味噌も入っているからご飯にも合うんです。

［つくり方］
鰹を包丁でよく叩く。ほんのちょっぴりのニンニクすりおろし、パセリ、ケッパー、刻んだ玉ねぎ、オリーブオイル、塩、隠し味程度の味噌をよく混ぜて、卵黄を添えます。

「中華粥」

家族は義実家に行ったので1人で夕食。「ＲＦ１」で春巻き1本だけ買って、近所のカフェで白ワイン一杯ひっかけて、ゆっくりお風呂に入って夕食。静か。いつか子供たちが巣立ったらこんな毎日になるのだろうか。

［材料］

白米　1合（洗う必要はありません。気になる人はさっと水で洗い流して下さい）

水　9カップ

手羽元　8本（水気を拭いておく）

生姜　1かけ

ねぎ（青いところ）　1本分

桜海老　大さじ1

日本酒　大さじ1

牛乳　大さじ1

塩　小さじ1

ナンプラー　小さじ1

［つくり方］

鍋に材料を全て入れて弱火でコトコト1時間ほど煮るだけ。先に手羽元を茹でこぼしておいた方がスッキリした味になるけど。お好みでどうぞ。揚げパンの代わりに、カリッと焼いた油揚げを添えて。ザーサイやお漬けものを入れるとさらに美味しい。

「ホタルイカとスティックセニョール、ニンニクオイル」

義母が「今年のブロッコリーは大きくならないのよ」と言う。見せてもらうと、スティックセニョール。よろこんでたくさんいただきました。私はむしろ、こちらの方が好き。むにゃむにゃにならない。

［つくり方］
ニンニク2かけのすりおろしをオリーブオイルでカリカリになるまで弱火で熱する。お皿によけておき、同じフライパンにスティックセニョール、ホタルイカ、白ワイン、塩を入れて炒めます。スティックセニョールが固かったら、蓋をして蒸してみて。塩で味付け。器に盛り付けて、ニンニクをかけます。カリカリのニンニクが花蕾に絡んで美味しい。

「猪肉を味わう」

内澤旬子さんから購入した猪のもも肉。ニンニクとハーブ、オリーブオイルと塩でマリネしてから網にのせて120度のオーブンで90分ゆっくりロースト。少し落ち着かせてから脂身だけトースターでカリカリに焼く。

さらさらした脂が滴り、マッシュルームに吸わせるように。歯応えがあり、しっかりとした肉質。だけど、それがまた美味しい。ゆっくり噛むからこそ脂と一体化してなんとも言えない。意外なことに、子供たちが奪い合うように食べていた。柔らかい肉＝美味しい肉ということではない、と分かる味覚がある。一生懸命お肉を食べる姿がなぜか頼もしく思えた。

［献立］
・猪もも肉のロースト・インカのめざめのロースト・猪のラードで煮たマッシュルーム・紫キャベツの塩揉み・ブロッコリーの味噌汁・しらすご飯

「パクチーオイル」

家ごもりの週末。牛すじの下処理をして、パクチーオイルをつくった。パクチーオイル、なかなか良い、これは良い。

［つくり方］
大量のパクチーとニンニクを2かけ刻んで、たっぷりのオリーブオイル、塩少々で蒸し煮。ぺったんこになったら、ブレンダーなどでさらに潰す。保存容器に移したら、空気に触れないようにオリーブオイルをかける。冷蔵庫で保存。

「牛すじ赤ワイン煮込み」

桜が満開なのに、大雪。

庭にも積もって、モッコウ薔薇の支柱が倒れそうになっている。ラナンキュラスの鉢は、夫によって玄関に避難されていた。

昨日下処理した牛すじに火を入れてコトコトと煮ている。肉のついているところは赤ワイン煮込み、ゼラチン質のところは昆布と一緒に何時間も茹でて塩で味付け。お昼ご飯は昆布で煮たすじのスープで刀削麵にした。


牛すじを煮ていると、神戸の洋食屋「グリル ミヤコ」をいつも思い出す。シェフのみやさんは、私が上京したばかりの時に名物のテールシチューをクール便で送ってくれたのだ。アパートの畳にペタンと座り一人で粛々と食べた神戸の味。

みやさんが教えてくれたミヤコのドゥミグラスソースに近づける牛すじのレシピ。つくっていると若かった時を思い出す。

［つくり方］
牛すじを茹でこぼし、肉の部分を選び、切り分け、小麦粉を振り、フライパンでカリカリになるまで焼き付けて鍋に移す。フライ

パンの余分な脂を拭き、玉ねぎ、セロリ、ニンジンをタヌキ色になるまで炒め、トマトピューレを入れ水気を飛ばし、牛すじの鍋に入れる。ローリエ、赤ワイン、水を入れて煮込み、砂糖、塩、少しの醤油で味付け。最後にバター。
ニンジンたっぷりが好み。

「発酵白菜とベーコンの春雨スープ」

「羊香味坊《ヤンシャンアジボウ》」で食べた発酵白菜と豚が美味しかったので思い出しながら。良いお出汁。

［つくり方］
ベーコンを1㎝弱くらいの厚さに切り、一度茹でこぼし、酸っぱくなった白菜漬けの粗みじん切り、⅓本ほどの白ねぎ千切り、お湯で戻した春雨を入れ、ひたひたの水を加えベーコンが柔らかくなるまで煮込む。塩とナンプラー、白胡椒で味付け。ベーコンじゃなく豚バラブロックでも良い。

「ナスのごちそうマリネ」

13年間使っていた洗濯機が壊れてしまった。
「この断末魔のようなギーッギーッという音は、もう間もなくだね」と話していたので、ついにこの日が来た、という喪失感。

子供が生まれたら、洗濯物増えるよね、と娘の妊娠中。
赤ちゃんのためだよって良い洗濯機を選んだら、予算よりオーバーしちゃって、お互いの貯金から半分ずつ出したよね、よく持ったよね、と話していたら、寂しくなっちゃった。

急遽、同じ機種の最新のものを買う。これでまた13年持ったら、娘は25歳、息子は18歳。想像もつかない。

［つくり方］
ナスをスティック状に切り、耐熱皿にのせ、ラップをしてレンジで600W 3分加熱する。そこに、砂糖大さじ½、醤油大さじ1と½、米酢大さじ1と½、青ねぎ30g（たっぷりで良い）をよく混ぜ入れる。
小さめのフライパンにニンニクスライス1かけ、桜海老大さじ1を、サラダ油大さじ1でカリカリになるまで炒めて、油ごとナスにかける。

「ふき味噌とバターと生ハムのタルティーヌ」

朝ご飯。

スライスした田舎パンをこんがり焼いて、冷たいバターとふき味噌、生ハム。朝に食べるものじゃない。お酒が飲みたくなる。

「調理器具はフライパン1つ」

二子玉川の「桜田餃子」に行き、1人でランチ。

色々と考え事。ポップでキッチュな店内はこざっぱりとしていて、陽気な気分になる。桜田餃子のご飯はたくさん噛むから楽しい。酸っぱい、甘い、辛い、苦い。理想的な味。


夜はブリしゃぶにしようと大きなサクを買ってきたら、夫がお出かけだった！

とりあえずお刺身にして食べる。

1・フライパンに湯を沸かす

2・キクラゲとそら豆を茹でる
3・その間にブリを切る
4・キクラゲとそら豆を箸で水気を切りながら、器に移す。キクラゲにオイスターソースと黒酢と玉ねぎの酢漬け。そら豆に塩
5・茹で汁の残ったフライパンに小松菜、しめじ、ナンプラー、ごま油を入れ、卵を流しスープに

お鍋でブリしゃぶ作戦は、夫のお出かけを忘れてて失敗。でも、こうやってフライパンでちょこちょこと具材を茹でて引き上げて、適当に味付けして、茹で汁を最後にスープにして、お刺身を添えて豪華になりました。

私を育てたレシピブック

子供の頃から今に至るまで、ひまさえあればレシピブックを読み漁り、料理の写真をぼうっと眺めている。私が現在、料理家という仕事を出来ているのは、先駆者の方々の著書のおかげである。読んでいると、「食べてみたい！」という気持ちが高まり、いそいそとキッチンへ向かう。スプーンでひと口味見して、ふむふむ、こんな味になるんだ……いつもそんな小さな感動を与えてくれた。その経験が、今の私の血となり肉になっている。

1
片岡護『簡単に作れて健康に良い 片岡護のイタリア家庭料理』 1994年・曜曜社出版

私の料理の原点はイタリア料理である。なんて言って良いのか分からないけれど、この本がスタートだったのは間違いない。母に買ってもらい、いつも学校から帰ってくるなり、読み漁ってはつくって食べての繰り返し。こんなに美味しいものが自分でもつくれるんだ！と、雷に打たれたような経験だった。

怒りん坊のパスタ、炭焼き職人のパスタ。イタリア料理のメニューの名前の由来にもドキドキしながら、自分自身でつくって食べる。その喜びを知ることが出来たのはこの本のおかげだ。

2
ウー・ウェン『ウー・ウェンの中国調味料&スパイスのおいしい使い方』 2011年・高橋書店

中国の家庭料理は本当に面白く、地方によってさまざまな調理法、独特の食材、味付けがある。ウー・ウェンさんのレシピは、中華料理屋さんでは食べられないものばかり。中国「家庭」料理なのである。そのレシピを教えてもらえるなんて、どれだけ貴重なことか！　至極簡単に思えるのに、素材の組み合わせや材料の切り方に、これはすごい……といつも感動してしまう。「なんて美味しそうなの！」と、眺めているだけで料理がしたくなるから不思議なものである。この本はウー・ウェンさんのスパイス使いを堪能でき、カバーの大胆なデザインも好き。

3

渡辺康啓『5分／15分／30分の料理　シンプルで美しい68の皿』2013年・マガジンハウス

初めてこの本を読んだ時に、なんてかっこよく、美味しそうなのだろう、そしてなんと色っぽく斬新なことか！と、それまでに見たことのないようなレシピブックの登場に心がときめいた。ビジュアルの美しさもさることながら、5分、10分、30分と、時間でカテゴライズされているのが面白い。今ほど時短など言われていない時代だったけども、そんな概念をも蹴散らし、ただただ美味しそう。そして5分でつくれるだけあって、シンプル。どの料理もつくってみたい！と思わせる名著である。

4

細川亜衣『朝食の本』2019年・アノニマ・スタジオ

どんな料理家になりたいですか？と質問をされた時に「細川亜衣さんのような……」と、いつも頭に浮かび、いけないいけない、と打ち消す。口にするのも恐れ多い。細川さんは私の憧れである。

自分の進むべき道に悩んだ時には、いつも細川さんのレシピを読む。そうすると細川さんのすっとした姿勢、そして時折のぞく人間らしさに、励まされるような気持ちになり、私も私でいたい、と思うのだ。この『朝食の本』は、自然の中での愛らしいテーブル、食欲をそそるほかほかの湯気の幻想的な写真など、ああ、良いなあと本能から思わせるレシピブックだ。食材のかけ算、ひき算、その塩梅の洗練にうっとりしてしまう。

5

長尾智子『日々の食卓　ひとつひとつの素材から広が

るレシピ』2004年・学研プラス

　この本は乾物や少し地味な旬の食材にスポットライトを当てたレシピブック。長尾さんの手にかかるとどんな素材もいきいきと輝き、あなたはそんな顔をしていたのね！と、驚いてしまう。そして、私が長尾さんのことが好きな理由の一つに「言葉」がある。途中に挟まれるやさしく誠実なエッセイは素材への愛であり、読者への思いやりだと、私は感じている。ただ単に料理のつくり方を教えるだけではなく、その背景が見える料理家が好きだ。

　余談だが、時折、長尾さんが調理されているお写真を拝見する。結った髪、凛としたエプロン、その佇まいが美しく、まるで長尾さんのお料理のようだと思う。

6

有賀薫『有賀薫の豚汁レボリューション』2021年・家の光協会

　有賀さんとの出会いは私の人生を変えたと言っても過言ではない。有賀さんのレシピを初めて見た時に「ええ！　本当!?　材料はこれだけ？」と思ったことが懐かしい記憶だ。削ぎ落とされたミニマムな素材、必要でない出汁調味料は省く。つい何も考えずにスープの素を使っていた私にとっては衝撃そのものだった。たしかに、この材料でもう十分とても美味しい！とスプーンを口に運びながら呆然とした。素材を信じること、調理法で味を引き出すこと、そのレシピのひとつひとつに心酔した。

　この『豚汁レボリューション』は発明だと思う。材料の買い出しの面でもすごく良く、タンパク質と野菜が一緒に食べられる満点レシピ集。

　有賀さんという人に出会わなければ私は料理家になれていないと思うし、有賀さんのレシピがなかったら、今私は全く違う料理をつくっていたかもしれない。

おわりに

私には10代の娘と、7歳離れた息子がいます。子供たちが成長していくにつれ、一緒に過ごせる時間は少なくなってきました。日中、彼らは自分たちの社会で生きています。そこで起こったこと、感じたことは私には分かり得ません。
そんな時、食卓で一緒にご飯を食べるだけで、少し安心します。疲れていたら好物を、忙しい時にはさっと食べられるものを。私が今出来ることは、ご飯を食べている子供たちの様子を観察することだけだと思っています。

1日の中で家族が揃って過ごせる時間はわずかです。それさえも永遠ではありません。いつかは子供たちが巣立ち、夫婦だけになるでしょう。でもね、こんなに毎日ご飯をつくって一緒に食べたこと。子供たちがぐんぐん大きくなっていったこと。それは私にとっても、夫にとっても、誇りだと思うのです。そこにはたくさんの気持ちが込められ、美しい思い出があります。

誠実に生きていたって、喪失感を味わうことも、理不尽な厳しさにぶつかることもあるでしょう。しかし、どんな日だってお腹は空くのです。からっぽの体に温かな食べ物が入ると、どうしたことか心までなぐさめられることがあります。料理にはそんな不思議な魔法の力があるのです。

書籍化にあたり、『料理と毎日』のために奔走し丁寧に紡いでくださったCCCメディアハウスの大渕薫子さん、凛とした唯一無二の美しい装丁を手がけてくださった木村裕治さん。掲載のご許可をくださったみな様に、心よりお礼を申し上げます。

そして毎日欠かすことなく私の料理を撮影してくれた、夫である今井裕治さん。ふくふくとしたほっぺの子供たち。あなたたちの存在にいつも助けられています。ありがとう。

この本の装画である、長谷川潾二郎さんの「月桂樹の葉」。この絵を初めて目にした時に、私のキッチンにいつもあるものだ、と思いました。月桂樹、ニンニク、青いレモン。瓶はオリーブオイルでしょうか。

調理台に置かれている食材や道具の姿の鮮やかさに、はっとしました。長谷川さんの作品は教えてくれます。ありのままの生活、そこに存在する日常の美を。この書籍に使用の許可をいただいたことに感謝します。

料理は思いやることです。自分を、家族を、他人を。対象が何であれ、その人を見つめて想像してつくること。

今日も私は、キッチンに立ち料理をしています。いつも、毎日。あなたと同じように。

さあ、次は一緒に何をつくりましょうか。

2023年2月

今井真実

素材別さくいん

さ

た

料理の種類別さくいん

（主食）

米料理

麺類

パン・粉物

（おかず）

肉料理

魚・海藻料理

野菜・きのこ・果物料理

豆・豆腐・卵料理

春雨・しらたき料理

鍋料理

（汁もの、スープ）

（ソース・タレ）

今井真実 いまい まみ

料理家。神戸市生まれ。「作った人が嬉しくなる料理を」という考えを基に、雑誌をはじめ、web媒体、企業広告など、多岐にわたるレシピ製作を担当。noteに綴るレシピやTwitterでの発信が注目を集める。著書に『毎日のあたらしい料理　いつもの食材に「驚き」をひとさじ』（KADOKAWA）、『いい日だった、と眠れるように　私のための私のごはん』（左右社）がある。

note：https://note.com/imaimami/

Twitter：@imaimamigohan

装丁・本文デザイン　木村裕治
写真・コラムイラスト　今井裕治
校正　文字工房燦光
DTP　畑山栄美子（エムアンドケイ）
装丁画　長谷川潾二郎

料理《りょうり》と毎日《まいにち》
12か月のキッチンメモ

2023年2月7日　初版発行

著者　今井真実

発行者　菅沼博道

発行所　株式会社ＣＣＣメディアハウス
〒141-8205　東京都品川区上大崎3丁目1番1号
電話　03-5436-5721（販売）
　　　03-5436-5735（編集）
http://books.cccmh.co.jp

印刷・製本　株式会社新藤慶昌堂

ISBN 978-4-484-22232-5